RELIGION

Eva Weber

Kinder entdecken die Geschichte von Mose

Eine Unterrichtsreihe zu Mose und den 10 Geboten

Klasse 3/4

Verlag an der Ruhr

Unsere Kopiervorlagen: MEHR ALS NUR PAPPE!

STOPP – bitte noch nicht umblättern! Bevor Sie sich in Ihre Unterrichtsvorbereitung stürzen, nehmen Sie sich zwei Minuten Zeit und lesen eine kurze Einführung in die Welt der Papphefter vom Verlag an der Ruhr. Denn nur so haben Sie immer alle Vorteile im Blick:

... man findet sie in jedem Regal – ob zu Hause oder im Lehrerzimmer
... sie sind immer schnell zur Hand
... sie liefern jederzeit Ideen, kompakt, aber vielfältig
... sie passen in jede Lehrertasche
... sie sparen Zeit und schonen die Nerven
... sie sind beliebig zu ergänzen und zu sortieren
... sie schonen die Umwelt
... sie sind kreativ, innovativ und absolut praxisnah!

Seit 2011 mit neuem Verschluss

Seither können Sie Ihre Kopiervorlagen spielend leicht aus dem Papphefter herausnehmen. Dank der raffinierten Konstruktion lässt sich jede Seite schnell entnehmen, ohne weitere Blätter lösen zu müssen.

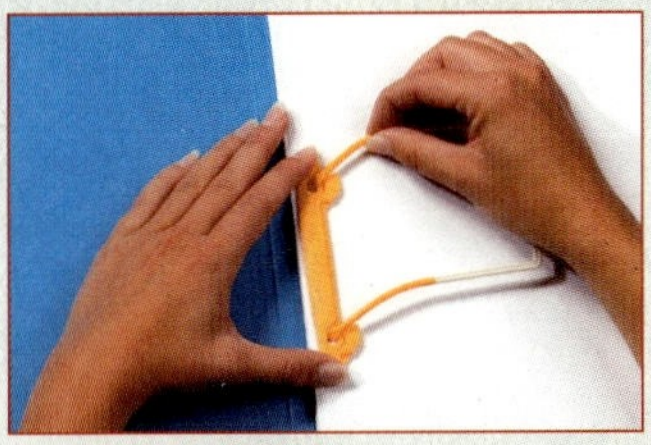
1. LOSMACHEN

2. BLÄTTERN

3. ÖFFNEN

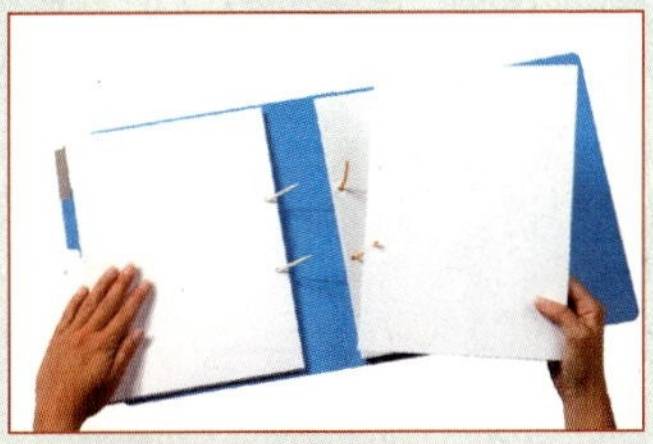
4. HERAUSNEHMEN

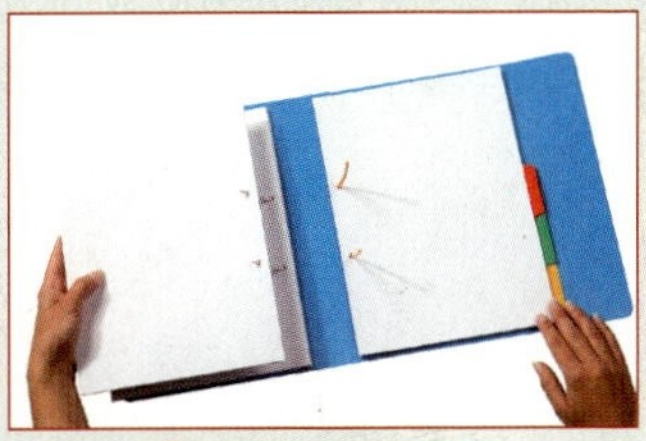
5. EINFÜGEN

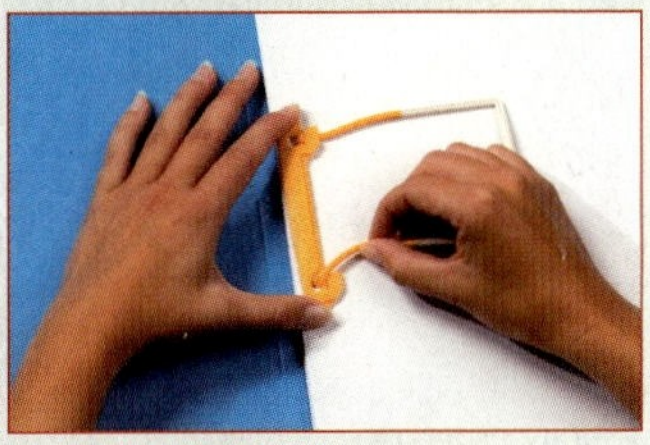
6. SCHLIESSEN

WUSSTEN SIE SCHON ...

... dass statistisch betrachtet jeder 2. Lehrer mind. einen Papphefter besitzt?
... dass sich derzeit über 2.000.000 Papphefter im Umlauf befinden und dass man, wenn man alle Papphefter hintereinander legt, damit zweimal das Ruhrgebiet umkreisen könnte?
... dass unsere Papphefter seit 30 Jahren treue Begleiter des Schulalltags sind – und dabei immer wieder mit neuen Ideen überraschen?
... dass die durchschnittliche Haltbarkeit eines Papphefters 10 Jahre beträgt?
... dass sich unsere Pappen auch hervorragend als Sitzunterlage beim Grillen, als Tablett oder Untersetzer, Sonnenschutz oder Fächer beim Schulfest sowie als Sichtschutz bei Klassenarbeiten eignen?

KOPIERSCHUTZ

Mit diesem Papphefter erwerben Sie das Recht, die Kopiervorlagen aus dem Inhalt für Ihren eigenen Unterrichtsgebrauch in Klassensatzstärke zu vervielfältigen. Dies schließt die Weitergabe innerhalb des Kollegiums nicht mit ein. Wenn Sie von diesem Papphefter überzeugt sind, freuen wir uns, dass Sie Ihren Kollegen gegenüber eine Empfehlung aussprechen. Bitte geben Sie die Unterlagen nicht zum Kopieren weiter. Schützen Sie das Urheberrecht. Dies ermöglicht uns auch weiterhin, gute Materialien für Sie zu erstellen. Bitte beachten Sie dazu auch unsere Angaben im Impressum oder informieren Sie sich auf **www.schulbuchkopie.de**

Titel
Kinder entdecken die Geschichte von Mose
Eine Unterrichtsreihe zu Mose und den 10 Geboten, Klasse 3/4

Autorin
Eva Weber

Titelbildmotive und Motive im Innenteil
Illustration Mose: © ayelet_keshet – Fotolia.com
Kinderkette: © VRD – stock.adobe.com

Druck
Druckerei Uwe Nolte, Iserlohn, DE

Verlag an der Ruhr
Mülheim an der Ruhr
www.verlagruhr.de

Geeignet für die Klassen 3–4

ISBN 978-3-8346-4160-1

Unterrichtsreihe „Mose“

Unterrichtsreihe „Die Zehn Gebote“

Mose – ein Mensch mit Ecken und Kanten; ein Mensch voller Schwächen und Selbstzweifel; und doch auch ein Mensch mit einem unfassbar großen Gottvertrauen.

Mirjam, Moses Schwester – ein Mensch voller Fürsorge und Verantwortungsbewusstsein, ein Mensch mit großer Emotionalität.

Aaron, Moses Bruder – ein Mensch voller Hilfsbereitschaft und Redegewandtheit, aber auch mit einer großen Schwäche in seinem Machtbewusstsein.

Und dann Jahwe, der Gott des Volkes Israel – der „Ich-bin-da (für euch)" nicht nur damals, während des Exodus, sondern gerade auch heute, mitten in unserem Alltag; nicht nur gegenwärtig in einer Stiftshütte, sondern vor allem und zu jeder Zeit gegenwärtig in der Schule und zu Hause bei den Kindern.

Drei Menschen, die Vorbild sein können in ihrer Stärke, die aber auch auf Augenhöhe begegnen können in ihrer Schwäche.
Ein Gott, der anbetungswürdig ist in seiner Größe und Macht, der aber auch auf Augenhöhe begegnen will in seiner Gnade und Barmherzigkeit.

Ich wünsche mir sehr, dass den Kindern die Geschichte des Volkes Israel nicht als irgendeine Geschichte aus dem Religionsunterricht im Gedächtnis bleibt, sondern als die Geschichte, in der sich Gott seinen Kindern offenbart als ein Beschützer- und Begleitergott.

Ich wünsche mir auch, dass die Unterrichtseinheit über die Zehn Gebote Hilfestellung sein kann, damit Sie als Lehrperson anregen können, dass die Kinder ihr eigenes Handeln überdenken. Sie können den Kindern erfahrbar machen, wie Gemeinschaft gelingen kann mithilfe des Geschenkes Gottes an sein Volk, den Zehn Geboten. Damals von Gott geschenkt mitten hinein in das schwierige Miteinander des Volkes Israel – genauso aber auch heute von Gott geschenkt mitten hinein in unsere Klassengemeinschaften und Familien mit all ihren Schwierigkeiten.

Haben Sie viel Spaß beim Unterrichten und begegnen Sie zusammen mit den Ihnen anvertrauten Schülern* dem Gott des Volkes Israel, der, so wissen wir seit Jesus, seinem Sohn auch ein Gott aller Menschen sein möchte.

Ihre Eva Weber

* Aus Gründen der besseren Lesbarkeit haben wir in diesem Buch durchgehend die männliche Form verwendet. Natürlich sind damit auch immer Frauen und Mädchen gemeint, also Lehrerinnen, Schülerinnen etc.

Mose

1 Gesellschaft in Ägypten zur Zeit Mose

Unterrichtliches Handeln	Sozialform	Medien
Einstieg ⇨ Suchen Sie mit den Kindern auf dem Globus oder im Internet Deutschland, danach Israel. Erklären Sie ggf. kurz, dass die Israeliten durch Josef nach Ägypten geholt wurden, wo er ein mächtiger Mann war. ⇨ Betrachten Sie verschiedene Bilder von Ägypten.	Plenum	◗ Globus oder Internet/Beamer ◗ Bilder (S. 7 oben)
Begegnung ⇨ Impuls: **Du weißt jetzt, warum die Israeliten in Ägypten lebten.** Durch die Wiederholung der Kinder bzw. im Verlauf des Lehrervortrags entsteht ein Bodenbild. ⇨ Ein Tuch stellt Ägypten dar, ein Tuch Israel. Das blaue Band symbolisiert den Nil. ⇨ Positionieren Sie einige Figuren (Ägypter und Pharao) und entsprechende Wortkarten auf dem Ägypten-Tuch (Begriff klären: Pharao hält sich für Gott, Vielgötterglaube). ⇨ Positionieren Sie einige Figuren (Israeliten) und entsprechende Wortkarten auf dem Israeliten-Tuch; sie glauben nur an einen Gott – den, der alles erschaffen hat. ⇨ Josef und seine Brüder laufen nach Israel, dann kommt die Familie nach (Kinder dürfen Figuren bewegen). Klären Sie ggf. kurz die Zeit: ca. 800 v. Chr. ⇨ Israelitische Figuren werden immer mehr; der Pharao bekommt Angst um seine Macht, deshalb macht er die Israeliten zu Sklaven (Begriff klären).	Sitzkreis	◗ 2 Tücher ◗ einige (Spielzeug-) Figuren ◗ blaues, breites Geschenkband (als Nil) ◗ Wortkarten: • Ägypten • Israel • Pharao • viele Götter • ein Gott • 800 v. Chr. • Sklaven
Vertiefung ⇨ Impuls: **Die Israeliten mussten tagein, tagaus schwer arbeiten – das kannst du jetzt gleich nachempfinden.** ⇨ Stühle tragen: Die Kinder stapeln alle Stühle an einer Stelle, ab dort stellen sie sich in einer Reihe auf. Schlüpfen Sie in die Rolle des Sklaventreibers (später auch mal ein Kind). Die Stühle werden durch die Reihe gereicht, am Ende gestapelt, dann wieder zurück (so lange, bis die Kinder aus der Puste sind). Der Sklaventreiber treibt ständig zu mehr Eile an. ⇨ Lesen Sie ggf. den Text in der Bibel nach (Ex 1,1–14).	Plenum	◗ viele Stühle ◗ evtl. Bibeln
Sicherung/Gestaltung ⇨ Eintrag ins Heft: *Das Leben der Israeliten in Ägypten* *Ungefähr 800 Jahre vor Christus (800 v. Chr.) wohnen in Ägypten die Ägypter und die Israeliten. Ihr König ist der Pharao. Er hat Angst vor der großen Anzahl der Israeliten. Deshalb müssen sie als Sklaven sehr schwer arbeiten.* ⇨ Die Kinder kleben das Bild „Arbeitender Israelit“ ein. Mit „Lehmziegeln“ (aus braunem Tonpapier gerissenen Papierstücken) vervollständigen sie das Bild, indem sie die Ziegel in die leeren Körbe kleben.	Einzelarbeit	Für jedes Kind: ◗ Kopiervorlage (S. 7 unten) ◗ Stück braunes Tonpapier

Bilder „Ägypten“

© Givaga – Fotolia.com

© zevana – Fotolia.com

© magann – Fotolia.com

© Givaga – Fotolia.com

Kopiervorlage „Arbeitender Israelit“

© Dorothee Wolters

© Verlag an der Ruhr | Autorin: Eva Weber | ISBN 978-3-8346-4160-1 | www.verlagruhr.de

2 Der Wunsch nach einem besseren Leben

Unterrichtliches Handeln	Sozialform	Medien
Einstieg ⇨ Impuls: **Du weißt, weshalb die Israeliten in Ägypten unterdrückt wurden.** Klären Sie ggf. den Begriff „Unterdrückung“. Die Schüler antworten.	Sitzkreis	◗ evtl. Bodenbild von letzter Stunde
Begegnung ⇨ Impuls: **Unterdrückung passierte nicht nur damals in Ägypten, das kann auch hier bei uns passieren.** ⇨ Legen Sie die Wortkarte „Unterdrückung“ in die Kreismitte. ⇨ Erzählen Sie die Geschichten: Jeweils eine Figur „erzählt“, die Figur und die Wortkarte werden dazugelegt bzw. -gestellt.	Sitzkreis	◗ Wortkarten • Unterdrückung • Schule • Familie • Freizeit • Heimatland ◗ Geschichten (S. 9 oben) ◗ 4 Figuren
Vertiefung ⇨ Impuls: **Du hast vielleicht auch schon Unterdrückung erlebt: in der Schule, bei Freunden oder zu Hause.** ⇨ Die Kinder formen aus Knetmasse einen Lehmziegel und legen ihn zu einer der Wortkarten, wenn sie Ähnliches erlebt haben. Wer mag, kann von seinen Erfahrungen erzählen. Falls noch keine Unterdrückung erlebt wurde, kann der „Ziegelstein“ außerhalb abgelegt werden. ⇨ Impuls: **Wenn ich Unterdrückung erlebe, dann möchte ich mich davon befreien.** Legen Sie die Bildkarte mit dem Straßenschild in die Kreismitte auf die Wortkarte „Unterdrückung“. Die Schüler äußern sich dazu. ⇨ Impuls: **Wenn ich sehe, dass ein anderer Mensch unterdrückt wird, kann ich vielleicht etwas tun.** Die Schüler äußern sich. ⇨ Sprechen Sie evtl. folgendes Gebet und stellen Sie eine Kerze in die Mitte als Zeichen für Gottes Anwesenheit. **Lieber Gott, danke, dass du hier bei uns bist. Hilf uns, dass wir erkennen, wenn jemand in unserer Nähe unterdrückt wird, dass wir ihm helfen können. Amen.**	Sitzkreis	◗ Knete (möglichst braun) ◗ Bild (S. 9 unten), vergrößert ◗ evtl. Kerze
Sicherung/Gestaltung ⇨ Eintrag ins Heft: <u>*Ein Leben ohne Unterdrückung*</u> *Die Israeliten werden in Ägypten unterdrückt. Sie träumen von der Freiheit. Manchmal fühle ich mich auch unterdrückt. Dann wünsche ich mir, frei zu sein.* ⇨ Die Kinder kleben das Bild mit Klebestreifen so unter den Text, dass es nach oben aufklappbar ist. ⇨ Die Kinder klappen das Bild auf und schreiben darunter: *Unterdrückung passiert in der Familie, unter Freunden, in der Schule, im Heimatland.* Wenn das Bild zugeklappt wird, soll der Text nicht zu sehen sein (Hilfestellung: zugeklapptes Bild mit Bleistift umranden).	Einzelarbeit	Für jedes Kind: ◗ Bild (S. 9 unten) ◗ Klebestreifen

Geschichten

Schule: Im Sportunterricht brauche ich beim Umziehen immer ziemlich lange. Dabei versuche ich wirklich, mich zu beeilen. Meine Mitschüler sagen dann immer „lahme Ente“ und solche Sachen zu mir. In der Pause schließen sie mich von allen Spielen aus. Ich wünsche mir, dass das aufhört.

Freizeit: Am Wochenende gehe ich gern auf den Spielplatz, nur ein paar Schritte von unserer Wohnung entfernt. Da gibt es ein tolles, hohes Klettergerüst. Seit ein paar Wochen sind da immer diese zwei großen Jungs und ein großes Mädchen. Sie sitzen auf dem Gerüst und schubsen mich mit ihren Füßen weg, sobald ich auch hochklettern möchte. Außerdem sagen sie Schimpfwörter zu mir. Ich wünsche mir, dass das aufhört.

Familie: In meiner Familie ist es immer schon so gewesen, dass die Mädchen im Haushalt mithelfen müssen. Ich muss putzen und die Zimmer aufräumen, auch das von meinem Bruder, dabei könnte er das doch selber. Ich finde es gut, dass man sich in der Familie gegenseitig hilft beim Putzen und Aufräumen. Ich wünsche mir aber, dass wirklich jeder in der Familie hilft, auch mein Bruder.

Heimatland: In meinem Land darf man nicht so an Gott glauben, wie meine Familie und ich das möchten. Die Regierung (*kurz erklären: die Chefs im Land*) gibt uns vor, wie wir glauben sollen. Halten wir uns nicht daran, kommen wir ins Gefängnis oder werden sogar getötet. Deshalb bin ich mit meiner Familie nach Deutschland geflohen. Ich wünsche mir, dass wir so glauben können, wie wir möchten.

Bild „Straßenschild“

3 Kindheit und Jugend von Mose

Unterrichtliches Handeln	Sozialform	Medien
Einstieg ⇨ Legen Sie die Bildkarte mit dem Straßenschild in die Mitte. ⇨ Impuls: **Wenn man unterdrückt wird, dann …** Die Schüler äußern sich dazu.	Sitzkreis	◗ Bild (S. 9 unten)
Begegnung ⇨ Stummer Impuls: Zeigen Sie verschiedene Geburtsanzeigen. Die Schüler äußern sich. ⇨ Impuls: **Wenn ein Kind geboren wird, ist die Freude so groß, dass es alle wissen sollen. Oft wird gemeinsam gefeiert.** Die Schüler erzählen von ihren Erfahrungen.	Sitzkreis	◗ mehrere Geburtsanzeigen (aus Zeitung oder Internet)
Vertiefung ⇨ Impuls: **Die Israeliten lebten ja in Ägypten.** Die Kinder wiederholen, weshalb die Israeliten nach Ägypten kamen. **Nun erzähle ich euch weiter von den Ägyptern und den Israeliten.** (Wiederholen Sie die Zeit: ca. 800 v. Chr.) ⇨ Erzählen Sie die Geschichte mithilfe von Figuren. Zeigen Sie die Bildkarten „Schilf" zur Klärung des Begriffs „Schilf". ⇨ Impuls: **Die Schwester des Jungen, Mirjam, steht am Ufer und beobachtet das Körbchen. Gemischte Gefühle hat sie in sich: große Angst** (Wortkarte „Angst" auf graues Tonpapier legen), **aber auch Hoffnung** (Wortkarte „Hoffnung" auf gelbes Tonpapier legen). ⇨ Die Kinder schreiben auf das graue Papier, wovor Mirjam Angst hat (Krokodile, verhungern, ertrinken, Ägypter …). ⇨ Die Kinder schreiben auf das gelbe Plakat, was Mirjam hofft (wird gerettet, versorgt, geliebt …). ⇨ Impuls: **Vielleicht betet Mirjam ja zu Gott, dass er oder seine Engel, die Boten Gottes, ihn beschützen.** ⇨ Singen Sie das Lied leise vor, die Kinder können dann einstimmen. ⇨ Lesen Sie aus der Bibel vor: Ex 2,5–10. Klären Sie ggf. unbekannte Begriffe.	Sitzkreis	◗ Erzählung (S. 11 oben) ◗ evtl. Bibel ◗ Figuren mit Namensschildern (z. B. Etiketten): • Schifra • Pua • Pharao • Mose als Baby • Mose als Kind • Mutter • Mirjam ◗ Bildkarten (S. 12 oben) ◗ Wortkarten: • Angst • Hoffnung ◗ graues und gelbes Tonpapier ◗ dicke Stifte ◗ Lied (S. 11 unten) ◗ Bibel
Sicherung/Gestaltung ⇨ Eintrag ins Heft: <u>Mirjam vertraut auf Gott</u> *Der Pharao hat Angst vor der Größe Israels. Deshalb lässt er alle neugeborenen israelitischen Jungen töten. Die Tochter von Josefs Bruder bekommt einen Sohn. Sie legt ihn in ein Körbchen und setzt es in das Schilf am Nil. Mirjam, die Schwester, beobachtet, wie die Tochter des Pharaos das Kind annimmt. Es bekommt den Namen Mose und wächst im Palast des Pharaos auf.* ⇨ Die Kinder kleben das Bild mit dem Schilf auf. Danach schneiden sie die kleinen Bilder aus, ordnen sie auf dem Foto an und kleben sie ebenfalls auf.	Einzelarbeit	◗ Kopiervorlage (S. 12 unten)

Erzählung „Kindheit und Jugend von Mose“

Die Israeliten wurden ein immer größeres Volk. Der Pharao bekam Angst. Auch die schwere Sklavenarbeit änderte nichts daran, dass das israelitische Volk wuchs und wuchs. Der Pharao dachte: „Wenn das Volk Israel nun größer wird als das Volk der Ägypter? Vielleicht wollen sie dann einen eigenen König und ich kann kein König mehr sein. Das darf nicht geschehen!“ Der Pharao dachte sich einen bösen Plan aus: Er holte die beiden Hebammen aus dem israelitischen Volk zu sich (*Begriff „Hebamme“ erklären*). Sie hießen Schifra und Pua.

Erzählen Sie den nächsten Absatz (Ex 1,16–22) möglichst aus der Bibel, damit den Kindern immer wieder bewusst wird, dass diese spannende Geschichte dort zu finden ist.

Der Pharao sprach: „Wenn ihr den israelischen Frauen bei der Geburt helft, dann seht auf das Geschlecht. Wenn es ein Sohn ist, so tötet ihn, ist es aber eine Tochter, so lasst sie leben.“

Die beiden Hebammen wussten aber, dass jedes neugeborene Kind ein Geschenk Gottes ist, und wollten dem Pharao nicht gehorchen. Sie dachten sich eine List aus und erzählten dem Pharao, dass die israelitischen Frauen immer so schnell ihre Kinder bekamen, dass die Hebammen jedes Mal viel zu spät zur Geburt kamen. Das Kind lag dann schon gesund im schützenden Arm der Mutter.

Nun musste der Pharao also mithilfe seiner eigenen Leute für den Tod der neugeborenen israelitischen Jungen sorgen. Er sprach zu seinem ägyptischen Volk: „Alle Söhne, die geboren werden, werft in den Nil, aber alle Töchter lasst leben.“

Halten Sie inne für ein Gespräch über die Unbarmherzigkeit des Pharaos, den Mut der Hebammen Schifra und Pua und warum die Mädchen weiterleben durften: Von ihnen ging keine Gefahr aus, dass sie gegen den Pharao in den Krieg zogen.

Ein Bruder von Josef, Levi, hatte eine schwangere Tochter. Sie hieß Jochebed. Als sie einen Sohn bekam, freute sie sich zwar, hatte aber auch große Angst.

Lassen Sie die Schüler sich dazu äußern: Kind schreit, Aufseher hören es …

Da hatte die Mutter in ihrer Verzweiflung eine Idee, wie sie das Leben ihres Sohnes retten könnte: Als sie ihn nicht länger verbergen konnte, machte sie ein Körbchen aus Rohr und verklebte es mit Erdharz (aus Holz und Kohle) und Pech (Baumharz zum Abdichten). Sie legte das Kind hinein und setzte das Körbchen in das Schilf am Ufer des Nils. Aber seine Schwester stand in der Ferne, um zu erfahren, wie es ihm ergehen würde.

(frei nach Ex 1,7–2,4)

Lied „Einen Engel wünsch ich dir zur Seite“

Text und Melodie: Alexander-David Nuber

Bildkarten „Schilf“

© schankz – Fotolia.com

© Comofoto – Fotolia.com

Kopiervorlage „Mose im Körbchen“

© Светлана Евграфова – Fotolia.com

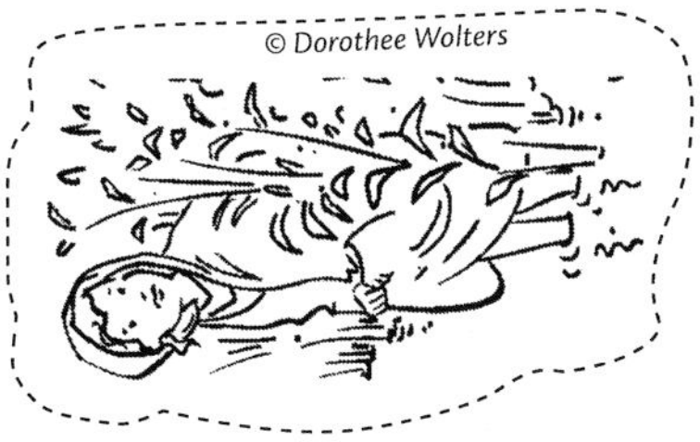

© Dorothee Wolters

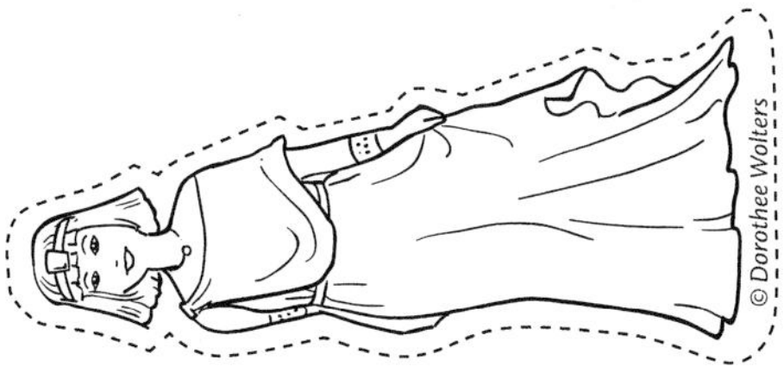

© Dorothee Wolters

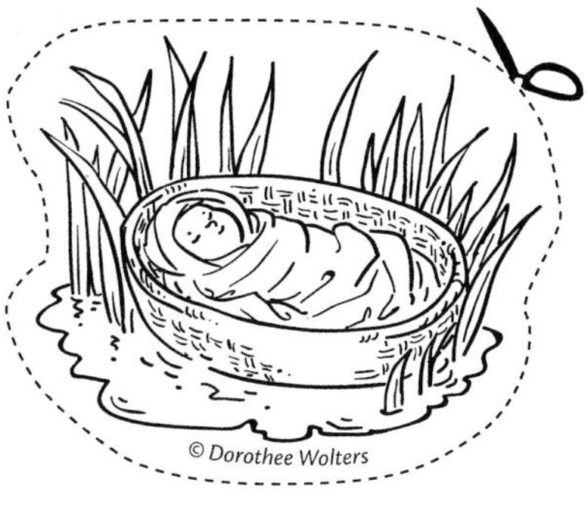

© Dorothee Wolters

4 Mutig sein wie Schifra und Pua

<table>
<tr><th>Unterrichtliches Handeln</th><th>Sozialform</th><th>Medien</th></tr>
<tr><td>Einstieg
⇨ Stummer Impuls: Legen Sie die Wortkarten „Schifra“ und „Pua“ in die Mitte des Sitzkreises. Die Schüler wiederholen die Geschichte.</td><td>Sitzkreis</td><td>◗ Wortkarten:
• Schifra
• Pua</td></tr>
<tr><td>Begegnung
⇨ Impuls: Ich kann auch so mutig sein wie Schifra und Pua. Legen Sie die Bildkarte „Mut“ in die Mitte.
⇨ Impuls: Manchmal ist es aber auch gut, nicht so mutig zu sein, denn es könnte zu gefährlich für mich sein. Legen Sie die Bildkarte „Vorsicht“ in die Mitte.</td><td>Sitzkreis</td><td>◗ Bildkarten (S. 14 oben)</td></tr>
<tr><td>Vertiefung
⇨ Lesen Sie die fünf Geschichten vor oder lassen Sie die Kinder vorlesen. Danach legen die Kinder jeweils einen Muggelstein auf die entsprechende Scheibe. Besprechen Sie jeweils kurz, warum sie in der Situation mutig sein können oder lieber vorsichtig sein sollten.
⇨ Klären Sie nach der letzten Geschichte im Gespräch, was man trotzdem tun kann, auch wenn man nicht aktiv dazwischengeht (z. B. Hilfe holen, einem anderen Erwachsenen davon erzählen, der dann die Polizei informiert …).
⇨ Sprechen Sie evtl. das folgende Gebet und zünden Sie dabei eine Kerze an: Lieber Gott, bitte hilf mir, dass ich auch so mutig sein kann wie Schifra und Pua. Lass mich aber bitte auch genau erkennen, wann ich vorsichtig sein muss. Bitte schicke mir dann einen Menschen vorbei, der helfen kann. Amen.
⇨ Singen Sie das Lied „Einen Engel wünsch ich dir zur Seite“.</td><td>Sitzkreis</td><td>◗ Geschichten (S. 14 unten)
◗ 5 Muggelsteine
◗ evtl. Kerze
◗ Lied (S. 11 unten)</td></tr>
<tr><td>Sicherung/Gestaltung
⇨ Eintrag ins Heft: <u>Mutig sein wie Schifra und Pua</u>
Die beiden Hebammen Schifra und Pua stellen sich mutig gegen den Pharao. Ich kann auch mutig sein. Manchmal ist es aber auch gut, vorsichtig zu sein.
⇨ Die Kinder schneiden die beiden Scheiben aus, legen die Wolle horizontal dazwischen und kleben sie zusammen. Achtung: Beim Zusammenkleben der Plaketten muss die hintere Plakette auf dem Kopf stehen. Anschließend kleben die Kinder die beiden Enden des Wollfadens links und rechts von der Plakette mit Klebestreifen unter den Hefteintrag. Die Scheiben können nun hin- und hergedreht werden – mal ist das Wort „Vorsicht“ zu sehen, mal das Wort „Mut“.</td><td>Einzelarbeit</td><td>Für jedes Kind:
◗ Bildkarten (S. 14 oben)
◗ Wollfaden
◗ Kleber
◗ 2 Klebestreifen</td></tr>
</table>

Bildkarten „Mut & Vorsicht“

Mut

Vorsicht

Geschichten „Mut oder Vorsicht“

In der Pause: Du beobachtest, wie ein Kind wartet, dass die Schaukel endlich frei wird. Endlich wird sie frei. Ein anderes Kind drängelt sich vor und setzt sich schnell auf die Schaukel.

Im Klassenzimmer: Du beobachtest, dass andere Kinder einem Kind immer wieder den Radiergummi wegnehmen und verstecken.

Beim Einkaufen: Du beobachtest, wie andere Kinder zu einem Kind mit Behinderung Schimpfwörter sagen.

In der Familie: Du beobachtest, dass dein kleiner Bruder von deiner Oma immer mehr Süßigkeiten bekommt als deine ältere Schwester.

Auf der Straße: Du beobachtest, wie zwei erwachsene Männer einen dritten Mann hin- und herschubsen und sich über ihn lustig machen.

5 Der brennende Dornbusch

<table>
<tr><th>Unterrichtliches Handeln</th><th>Sozialform</th><th>Medien</th></tr>
<tr><td colspan="3">Für diese Unterrichtsstunde sollte eine Doppelstunde eingeplant werden.</td></tr>
<tr><td>Einstieg
⇨ Impuls: Dir fällt ein Beispiel ein, bei dem du mutig sein kannst wie Schifra und Pua. Die Schüler äußern sich.
⇨ Impuls: Manchmal ist es aber auch besser, vorsichtig zu sein. Die Schüler nennen ein Beispiel.</td><td>Sitzkreis</td><td>◗ evtl. Plaketten aus der letzten Stunde</td></tr>
<tr><td>Begegnung
⇨ Impuls: Mose hatte Glück und wurde von der Pharaonentochter gerettet. Weil sie das Baby nicht stillen konnte, durfte es die ersten drei Jahre bei seiner Mutter bleiben. Danach wurde Mose in den Palast des Pharaos geholt. Er wurde als ägyptischer Prinz gekleidet und erzogen. Trotzdem wusste er, dass er ein israelitischer Junge war. (frei nach Ex 2,5–10)
⇨ Lesen Sie den ersten Teil der Geschichte vor.
⇨ Gestalten Sie gemeinsam mit den Kindern ein „Wanted“-Plakat. Beispiel: Person: männlich; Aussehen: israelitisch, aber Kleidung: ägyptisch (Ägypter haben dunklere Hautfarbe); Vorwurf: Mord
⇨ Lesen Sie den zweiten Teil der Geschichte vor.</td><td>Sitzkreis</td><td>◗ Erzählung (S. 16)
◗ dicke Stifte
◗ kleine Äste
◗ rotes, gelbes, orangefarbenes Papier</td></tr>
<tr><td>Vertiefung
⇨ Impuls: Wahnsinn, was Mose da erlebt hat … Die Kinder wiederholen die Geschichte noch einmal. Heften Sie die entsprechenden Wortkarten an die Tafel.
⇨ Impuls: Mose hat so einen großen Auftrag von Gott bekommen… Die Schüler wiederholen: Er soll die Israeliten aus Ägypten führen. Wie gut, dass Gott mit seinem Namen klar gemacht hat: Ich bin da. – Ich lass dich nicht allein. – Ich begleite dich.
⇨ Singen Sie das Lied: „Einen Engel wünsch ich dir zur Seite“.</td><td>Plenum</td><td>◗ Wortkarten:
• Mord
• Midian
• Zippora
• Hirte
• Dornbusch
• Stimme
• Jahwe
• Auftrag
◗ Lied (S. 11 unten)</td></tr>
<tr><td>Sicherung/Gestaltung
⇨ Eintrag ins Heft: <u>Mose begegnet Gott im brennenden Dornbusch</u>
Mose tötet einen Aufseher der Ägypter und muss fliehen. Danach lebt er viele Jahre in Midian und heiratet Zippora. Während seiner Arbeit als Hirte sieht er einen brennenden Dornbusch, der jedoch nicht verbrennt. Er hört Gottes Stimme: „Geh nach Ägypten zurück und befreie mein Volk.“
⇨ Die Kinder kleben das Arbeitsblatt unter den Hefteintrag. Sie füllen die Lücken (links: Nil, Ägypten; rechts: Israel, Midian, Ich bin da) und das Wanted-Plakat aus und malen die Landkarte an.</td><td>Einzelarbeit</td><td>Für jedes Kind:
◗ Arbeitsblatt (S. 17)</td></tr>
</table>

Erzählung „Der brennende Dornbusch“

Teil 1

Mose wurde immer älter und war bald ein junger Mann. Eines Tages sah er, wie ein ägyptischer Aufseher einen israelitischen Arbeiter schlug. Der Aufseher meinte, der Arbeiter würde nicht hart genug arbeiten. Immer heftiger schlug er auf den Mann ein. Mose wurde sehr wütend. „Wie können die Ägypter nur so ungerecht sein?“, dachte er. Seine Wut wurde größer und größer und – er tötete den ägyptischen Aufseher.

Machen Sie eine kurze Pause für Schüleräußerungen: Man darf nicht töten; aber der Aufseher war im Unrecht; Moses Tat ist durch nichts zu entschuldigen.

Als der Pharao das erfuhr, ließ er nach Mose suchen. Mose musste fliehen.

Teil 2

Mose floh also und irrte lange umher, bis er schließlich im Land Midian ankam.
An einem Brunnen ruhte er sich aus und sah sieben Mädchen. Sie wollten ihren Schafen Wasser geben, doch Männer stießen sie weg und wollten zuerst an die Wasserstelle. Da erhob sich Mose und tränkte die Schafe der Mädchen. Der Vater der Mädchen erfuhr davon und ließ Mose zum Dank bei ihnen wohnen, gab ihm Arbeit als Hirte und war einverstanden, dass Mose Zippora, eine seiner Töchter, heiratete.
Es vergingen viele Jahre. Fast schon hatte Mose sein Volk in Ägypten vergessen, das über all die Jahre weiterhin unterdrückt wurde.
Doch eines Tages passierte etwas sehr Sonderbares. Mose passte wie jeden Tag auf die Schafe seines Schwiegervaters auf.
Klären Sie kurz den Begriff „Schwiegervater“.

Da sah er plötzlich einen brennenden Dornbusch.

Die eine Hälfte der Kinder legt aus Ästen einen Busch.

Die Zweige brannten lichterloh.

Die andere Hälfte der Kinder reißt gelbes, rotes und orangefarbenes Papier in Streifen und legt es als Flammen zwischen die Äste.

Doch sonderbar war, dass die Äste nicht verbrannten. Mose traute seinen Augen nicht und trat näher an den Dornbusch heran. Da hörte er eine Stimme: „Mose, Mose!“ Er erschrak. Und wieder hörte er die Stimme: „Bleib stehen! Zieh deine Schuhe aus! Wo du stehst, ist heiliger Boden.“
Mose tat, was die Stimme sagte, und sie sprach weiter: „Ich bin der Gott deines Volkes. Ich bin dein Gott.“ Mose zog vor Furcht den Mantel vor sein Gesicht. Er wagte es nicht mehr, in das Licht des Feuers zu schauen. Gott sprach: „Ich habe das Elend meines Volkes in Ägypten gesehen und ihre Klagen gehört. Darum will ich mein Volk Israel retten und es aus Ägypten befreien. Ich will euch in ein Land führen, in dem es euch gut gehen soll.“ Darüber freute sich Mose sehr. Doch was Gott nun sagte, konnte Mose nicht fassen: „Du, Mose, sollst mir helfen. Du sollst das Volk Israel befreien und in das neue Land führen.“ „Das kann ich nicht! Der Pharao sucht mich immer noch und wird mich umbringen, sobald ich wieder nach Ägypten zurückkehre. Ich kann auch nicht so gut reden und die richtigen Worte finden.“ Gott aber sprach: „Nimm deinen Hirtenstab, Mose. Geh zum Pharao. Sag ihm: ‚So spricht Gott: Lass mein Volk ziehen.‘ Und dann, Mose, führe es hinaus aus Ägypten. Dein Bruder Aaron wird dir helfen und für dich sprechen.“ Noch einmal versuchte Mose, zu widersprechen: „Aber die Israeliten werden doch nicht einfach mit mir gehen. Was ist, wenn sie fragen, wer mich geschickt hat? Was soll ich ihnen dann antworten?“ Gott sprach: „Sag meinem Volk: Jahwe ist mein Name.“ Jahwe bedeutet: Ich bin da für euch.

(frei nach Ex 2,11–4,17)

Arbeitsblatt „Flucht“

WANTED

Person: ....

Aussehen: ....

Vorwurf: ....

6 Jahwe in meinem Leben

<table>
<tr><th>Unterrichtliches Handeln</th><th>Sozialform</th><th>Medien</th></tr>
<tr><td colspan="3">Je nach Zeit können Sie entweder die Spiele oder die Gemeinschaftsaktion im Heft weglassen.</td></tr>
<tr><td>Einstieg
⇨ Impuls: Da hat Mose ja etwas angestellt. Die Schüler wiederholen die Geschichte.</td><td>Sitzkreis</td><td></td></tr>
<tr><td>Begegnung
⇨ Stummer Impuls: Legen Sie die drei Wortkarten in die Mitte. Die Kinder äußern sich dazu.
⇨ Stellen Sie die Mose-Figur zu „vor ungefähr 3000 Jahren".
⇨ Impuls: Mose hat etwas angestellt.
⇨ Stellen Sie die Ich-Figur zu „heute": Ich habe auch schon etwas angestellt.
⇨ Erzählen Sie ein Beispiel aus Ihrem Leben. Die Kinder legen einen Muggelstein zur Figur, entweder schweigend oder sie erzählen von einer Situation aus ihrem Leben.
⇨ Impuls: Obwohl Mose Mist gebaut hat, gibt Gott ihm den Auftrag. Aaron soll ihm helfen. Stellen Sie eine Figur zu Mose. Gott traut auch mir was zu und stellt mir Helfer zur Seite. Stellen Sie eine Figur zur Ich-Figur.
⇨ Impuls: Bisher haben wir das Lied nur für Mose gesungen. Jetzt wollen wir es uns gegenseitig singen. Stellen Sie die Kerze in die Mitte. Gut, dass Gott auch heute noch mit uns ist.
⇨ Singen Sie „Einen Engel wünsch ich dir zur Seite".</td><td>Sitzkreis</td><td>◗ Wortkarten:
• Jahwe: Ich bin da für dich
• vor ungefähr 3000 Jahren
• heute
◗ 4 Figuren
◗ Kerze
◗ Lied (S. 11 unten)

Für jedes Kind:
◗ Muggelstein</td></tr>
<tr><td>Vertiefung
⇨ Impuls: Wie gut, dass uns Gott Menschen geschenkt hat, die uns helfen.
⇨ Spielen Sie Spiele, die nur im Team funktionieren, z. B.:
<u>Sitzkreis</u>: Alle stehen eng im Stehkreis. Jetzt drehen sich alle eine Vierteldrehung nach links. Nun steht jeder hinter seinem linken Nachbarn. Auf Kommando setzen sich alle vorsichtig auf den Schoß ihres hinteren Nachbarn.
<u>Meterstab tragen</u>: Alle stellen sich dicht in einer Reihe nebeneinander auf und strecken ihren Arm und Zeigefinger nach vorn aus. Legen Sie einen ausgeklappten Meterstab auf die Finger der Kinder. Nun muss eine Strecke zurückgelegt werden, ohne dass der Meterstab hinunterfällt.</td><td>Plenum</td><td>◗ Meterstab</td></tr>
<tr><td>Sicherung/Gestaltung
⇨ Eintrag ins Heft: <u>Gott traut mir etwas zu!</u>
Ich muss es nicht allein schaffen. Gott schickt mir Helfer.
⇨ Die Kinder kleben ein graues Viereck mit der Aufschrift „ALLEIN" darunter. Jedes Kind klebt in jedes Heft ein Viereck mit „NICHT ALLEIN". So entsteht in jedem Heft ein buntes Gemeinschaftsbild.</td><td>Gemeinschafts-arbeit</td><td>Für jedes Kind:
◗ kleines, graues Viereck
◗ Kopiervorlage (S. 19), auf bunte Papiere kopiert</td></tr>
</table>

NICHT ALLEIN	NICHT ALLEIN	NICHT ALLEIN	NICHT ALLEIN	NICHT ALLEIN	NICHT ALLEIN	NICHT ALLEIN	NICHT ALLEIN
NICHT ALLEIN	NICHT ALLEIN	NICHT ALLEIN	NICHT ALLEIN	NICHT ALLEIN	NICHT ALLEIN	NICHT ALLEIN	NICHT ALLEIN
NICHT ALLEIN	NICHT ALLEIN	NICHT ALLEIN	NICHT ALLEIN	NICHT ALLEIN	NICHT ALLEIN	NICHT ALLEIN	NICHT ALLEIN
NICHT ALLEIN	NICHT ALLEIN	NICHT ALLEIN	NICHT ALLEIN	NICHT ALLEIN	NICHT ALLEIN	NICHT ALLEIN	NICHT ALLEIN
NICHT ALLEIN	NICHT ALLEIN	NICHT ALLEIN	NICHT ALLEIN	NICHT ALLEIN	NICHT ALLEIN	NICHT ALLEIN	NICHT ALLEIN
NICHT ALLEIN	NICHT ALLEIN	NICHT ALLEIN	NICHT ALLEIN	NICHT ALLEIN	NICHT ALLEIN	NICHT ALLEIN	NICHT ALLEIN
NICHT ALLEIN	NICHT ALLEIN	NICHT ALLEIN	NICHT ALLEIN	NICHT ALLEIN	NICHT ALLEIN	NICHT ALLEIN	NICHT ALLEIN
NICHT ALLEIN	NICHT ALLEIN	NICHT ALLEIN	NICHT ALLEIN	NICHT ALLEIN	NICHT ALLEIN	NICHT ALLEIN	NICHT ALLEIN
NICHT ALLEIN	NICHT ALLEIN	NICHT ALLEIN	NICHT ALLEIN	NICHT ALLEIN	NICHT ALLEIN	NICHT ALLEIN	NICHT ALLEIN
NICHT ALLEIN	NICHT ALLEIN	NICHT ALLEIN	NICHT ALLEIN	NICHT ALLEIN	NICHT ALLEIN	NICHT ALLEIN	NICHT ALLEIN
NICHT ALLEIN	NICHT ALLEIN	NICHT ALLEIN	NICHT ALLEIN	NICHT ALLEIN	NICHT ALLEIN	NICHT ALLEIN	NICHT ALLEIN
NICHT ALLEIN	NICHT ALLEIN	NICHT ALLEIN	NICHT ALLEIN	NICHT ALLEIN	NICHT ALLEIN	NICHT ALLEIN	NICHT ALLEIN
NICHT ALLEIN	NICHT ALLEIN	NICHT ALLEIN	NICHT ALLEIN	NICHT ALLEIN	NICHT ALLEIN	NICHT ALLEIN	NICHT ALLEIN
NICHT ALLEIN	NICHT ALLEIN	NICHT ALLEIN	NICHT ALLEIN	NICHT ALLEIN	NICHT ALLEIN	NICHT ALLEIN	NICHT ALLEIN

7 Das Volk will ziehen

Unterrichtliches Handeln	Sozialform	Medien
Einstieg ⇨ Impuls: **Gut, dass Jahwes Name „Ich bin da“ nicht nur Mose gegolten hat.** Die Kinder antworten.	Sitzkreis	◗ evtl. Wortkarte: Jahwe: Ich bin da für dich
Begegnung ⇨ Impuls: **Inzwischen war der Pharao, der Mose wegen Mord suchen ließ, gestorben. Ein neuer Pharao saß in Ägypten auf dem Thron.** ⇨ Lesen Sie die Geschichte vor.	Sitzkreis	◗ Erzählung (S. 21)
Vertiefung ⇨ Impuls: **Mit Gottes Hilfe hat es Mose geschafft, dass der Pharao endlich einverstanden war: Das Volk Israel durfte aus Ägypten ausziehen.** Die Kinder zählen Gottes Hilfen auf: Plagen, Blut an den Türpfosten. ⇨ Impuls: **Als dann die Flucht in der Nacht direkt bevorstand, musste es schnell gehen. Noch nicht einmal der Teig für das Brot, das als Reiseproviant mitgenommen werden musste, konnte in der Zeit gehen. Deshalb gab es ungesäuertes Brot.** Geben Sie den Kindern einen Hinweis aus ihrem Erfahrungsbereich: Ein Pizzateig muss z. B. erst einmal gehen, bevor der Teig verarbeitet wird. ⇨ Essen Sie gemeinsam eine Matze. ⇨ Impuls: **Auch heute noch wird bei den Juden der Auszug aus Ägypten gefeiert – jedes Jahr eine Woche lang. Mit dem Sederabend wird begonnen. Mit besonderen Speisen wird an die Nacht erinnert, als sich die Israeliten bereitgemacht haben für den Auszug aus Ägypten.** ⇨ Legen Sie die Bildkarten mit den typischen Speisen (oder, wenn möglich, echte Lebensmittel) auf eine Tischdecke und besprechen Sie sie. Füllen Sie die Lücken auf den Satzstreifen gemeinsam aus (neu, Tränen, Eile, Leid, Ziegel, Freude, Gott, Leben).	Plenum	◗ Matzen (aus dem Supermarkt) ◗ Bildkarten (S. 22), vergrößert; alternativ: reale Lebensmittel ◗ Tischdecke ◗ Satzstreifen (S. 23), vergrößert
Sicherung/Gestaltung ⇨ Eintrag ins Heft: <u>*Bereit zum Auszug aus Ägypten*</u> *Nach zehn Plagen ist der Pharao endlich einverstanden. Er lässt das Volk Israel ziehen. Noch heute erinnern Juden an den Auszug aus Ägypten in einem großen Fest, dem Passahfest.* ⇨ Jedes Kind bekommt als Tischdecke ein Stück Stoff. Darauf werden die Speisen geklebt. Die Schüler kleben die Erklärung mit Lückentext darunter und füllen sie aus.	Einzelarbeit	Für jedes Kind: ◗ Stück Stoff oder Serviette ◗ Kopiervorlage (S. 23)

Erzählung „Das Volk will ziehen“

Mose machte sich also mit seiner Frau Zippora und seinem Sohn auf den Weg nach Ägypten. Wie Gott versprochen hatte, traf er seinen Bruder Aaron. Beide waren überglücklich, sich nach so langer Zeit wiederzusehen. Mose erzählte Aaron von dem Auftrag, den er von Gott erhalten hat.

Lassen Sie die Kinder wiederholen: „Er soll Gottes Volk aus Ägypten herausführen. Aaron soll ihm dabei helfen. Er kann besser reden als Mose.“

Sogleich machten sie sich auf zum Palast des Pharaos. Die beiden Brüder traten vor den Pharao und sagten: „So spricht der Herr, der Gott Israels: Lass mein Volk ziehen!“ Der Pharao antwortete: „Wer ist der Herr, dass ich ihm gehorchen und Israel ziehen lassen müsste? Ich weiß nichts von dem Herrn und will auch Israel nicht ziehen lassen.“
Bei sich dachte der Pharao: „Die Israeliten sollen nicht weiterhin auf solche dummen Gedanken kommen und einfach aus Ägypten ausziehen wollen. Wer macht denn dann die ganze Arbeit hier im Land? Ich muss mir etwas ausdenken, dass sie nicht weiter darüber nachdenken.“ Und laut sprach er zu Mose und Aaron: „Ich befehle, dass ab sofort alle Israeliten noch härter arbeiten müssen. Hat man ihnen bisher das Stroh zur Ziegelherstellung gebracht, so sollen sie es sich von nun an selber besorgen. Natürlich muss nach wie vor jeden Tag die gleiche Anzahl an Ziegeln hergestellt werden. Arbeiten sollen sie – arbeiten! So wird ihnen schon das dumme Gerede vom Auszug aus Ägypten vergehen!“
Die Israeliten waren entsetzt, als sie merkten, dass Mose nichts erreicht hatte. Im Gegenteil, alles ist noch viel schlimmer geworden! Aber Mose gab nicht auf. Er betete zu Gott und Gott ließ ihn nicht allein. Wieder schickte er ihn mit Aaron zum Pharao.
Doch auch diesmal blieb der Pharao hart. Er ließ die Israeliten nicht ziehen. Da schickte Gott zehn furchtbare Plagen über das Land Ägypten. Das Wasser des Nils wurde giftig, somit konnten die Ägypter es nicht mehr trinken. Danach kamen Tausende von Fröschen, Stechmücken und Stechfliegen. Die Tiere der Ägypter – Esel, Pferde, Rinder, Kamele, Schafe – bekamen eine schreckliche Krankheit und starben. Die Ägypter bekamen einen furchtbaren Ausschlag und schlimmer Hagel zerstörte die Ernte. Als endlich wieder neues Gemüse auf den Feldern wuchs, kamen Tausende von Heuschrecken und fraßen alles nieder. Schließlich kam eine dreitägige Finsternis über das Land. Doch trotzdem blieb der Pharao stur.
Nach all diesen schlimmen Plagen erlaubte er dem Volk Israel immer noch nicht, das Land Ägypten zu verlassen.
Da wurde Gott zornig. Er schickte eine letzte Plage über das Land Ägypten. Um Mitternacht solle in jedem ägyptischen Haus der älteste Sohn sterben. Zu Mose sprach Gott: „Geh zu den Israeliten und sage ihnen: ‚Macht euch bereit zum Aufbruch. Packt alles ein. Holt eure Tiere und backt Brot für die Reise. Ihr habt aber keine Zeit, den Brotteig ruhen zu lassen, wie ihr es sonst immer macht. Backt Brot aus ungesäuertem Teig. Haltet euch bereit für den Auszug aus Ägypten. Damit aber eure ältesten Söhne nicht sterben, schlachtet ein Lamm und bestreicht euren Türpfosten mit Blut. So wird ihnen nichts geschehen.‘“ Mose gab die Worte Gottes genau so an sein Volk weiter. Alle warteten gespannt und unruhig auf die Nacht.
Um Mitternacht hörte das Volk Israel ein großes Klagen und Schreien der ägyptischen Familien. Auch der älteste Sohn des Pharaos starb. Da schrie der Pharao endlich: „Gehen sollen sie! Das ganze Volk Israel soll verschwinden!“ Sogar Gold, Silber und jede Menge Schmuck warfen die Ägypter den Israeliten noch hinterher, mit den Worten: „Kommt ja nie wieder zurück!“
Noch in derselben Nacht zog das Volk Israel aus Ägypten hinaus.

(frei nach Ex 4,18–13,16)

Bildkarten „Sedermahl“

© Valentina R – Fotolia.com

© m.u.ozmen – Fotolia.com

© TwilightArtPictures – Fotolia.com

© Eskymaks – Fotolia.com

© yaroslav_melnik – Fotolia.com

© gradt – Fotolia.com

© attyplace – Fotolia.com

© rangizzz – Fotolia.com

Kopiervorlage „Sedermahl“

Auf dem Tisch stehen …	**Sie erinnern an …**
grüne Kräuter	die Früchte, die immer wieder …………… wachsen.
eine Schale mit Salzwasser	an die vielen ……………, die in der Sklaverei vergossen wurden.
ungesäuertes Brot	die ……………, mit der die Flucht vorbereitet wurde.
bittere Kräuter (oft auch geriebener Meerrettich)	das große ……………, das die Israeliten erdulden mussten.
Brei aus Früchten und geriebenen Nüssen	die ……………, die die Israeliten für den Pharao herstellen mussten.
Wein	die ……………, weil Gott das Volk Israel aus der Sklaverei befreit hat.
ein Lammknochen	das Gehorchen auf …………… . Vor dem Auszug sollten die Türpfosten mit Lammblut eingestrichen werden.
ein hart gekochtes Ei	ein neues, gutes ……………, das nach dem unglücklichen Leben entsteht.

8 Habe auch ich einen Auftrag?

Unterrichtliches Handeln	Sozialform	Medien
Einstieg ⇨ Impuls: **Mose hatte es tatsächlich geschafft.** Die Schüler wiederholen die Geschichte. ⇨ Anhand der Bildkarten aus der letzten Stunde werden die typischen Speisen des Sedermahls wiederholt.	Sitzkreis	◗ Bildkarten (S. 22)
Begegnung ⇨ Impuls: **Ich glaube, dass Gott nicht nur damals Aufträge an die Menschen gestellt hat. Du erinnerst dich an Abraham, der in ein neues Land ziehen sollte, an Jakob, der zu seinem Bruder Esau zurückkehren sollte. Und jetzt Mose, der das Volk Israel aus der Sklaverei befreien soll. Möglicherweise gibt uns Gott auch heute noch Aufträge.** Die Kinder äußern sich. ⇨ Sammeln Sie Ideen auf einem Plakat (z. B. freundlich zu meinem Mitmenschen sein, die Natur schützen …).	Sitzkreis	◗ Plakat ◗ dicke Stifte
Vertiefung ⇨ Impuls: **Ich fände es schön, wenn wir uns einen Auftrag aussuchen und versuchen, ihn bis zur nächsten Stunde auszuführen. Vielleicht gelingt uns das allein, vielleicht brauchen wir aber auch Hilfe, so wie Mose Hilfe durch Aaron bekommen hat.** ⇨ Alle ziehen ein Auftragskärtchen. ⇨ Planen Sie Zeit für Fragen zu den Aufträgen ein. ⇨ Impuls: **Es ist nicht immer so einfach, einen Auftrag auszuführen. Wir können Gott bitten, dass er uns hilft.** ⇨ Sprechen Sie evtl. das folgende Gebet und zünden Sie dazu eine Kerze an: **Lieber Gott, danke, dass du dich nicht nur damals für dein Volk Israel interessiert hast, sondern dich immer noch heute für deine Menschen interessierst. Danke, dass wir mithelfen dürfen, dass es auf der Welt ein Stück besser zugeht. Bitte hilf uns, unseren Auftrag gut zu erfüllen. Amen.** ⇨ Impuls: **Du brauchst keine Angst zu haben, dass ich kontrolliere, ob du deinen Auftrag erfüllt hast. Wenn du es bis zur nächsten Stunde nicht schaffst, versuche es ein anderes Mal. Lege deinen Auftrag zu Hause dorthin, wo du ihn gut sehen kannst. Wenn du ihn erledigt hast, darfst du ihn in den Umschlag stecken, den wir jetzt gleich basteln. Ich werde aber nicht in deinen Umschlag schauen. Versprochen!**	Plenum	◗ Kopiervorlage (S. 25), mehrfach auf farbiges Papier kopiert ◗ evtl. Kerze
Sicherung/Gestaltung ⇨ Eintrag ins Heft: *Gott gibt auch heute noch Aufträge* ⇨ Die Kinder basteln einen „Erledigt“-Umschlag und kleben ihn so ins Heft, dass er noch geöffnet werden kann. Mit bunten Stiften schreiben sie „ERLEDIGT“ darauf.	Einzelarbeit	Für jedes Kind: ◗ Kopiervorlage (S. 26)

Kopiervorlage „Auftragskärtchen“

Mein Auftrag	Mein Auftrag
Ich helfe jemandem.	Ich sammle Müll und werfe ihn in den Mülleimer.
☐ erledigt	☐ erledigt

Mein Auftrag	Mein Auftrag
Ich erzähle jemandem von Gott.	Ich teile etwas mit jemandem.
☐ erledigt	☐ erledigt

Mein Auftrag	Mein Auftrag
…………………………	…………………………
…………………………	…………………………
☐ erledigt	☐ erledigt

Kopiervorlage „Umschlag“

1. Schneide die Vorlage aus.
2. Falte an den Linien nach hinten. Klebe die untere Fläche an die Seitenstreifen.
3. Schließe den Umschlag.

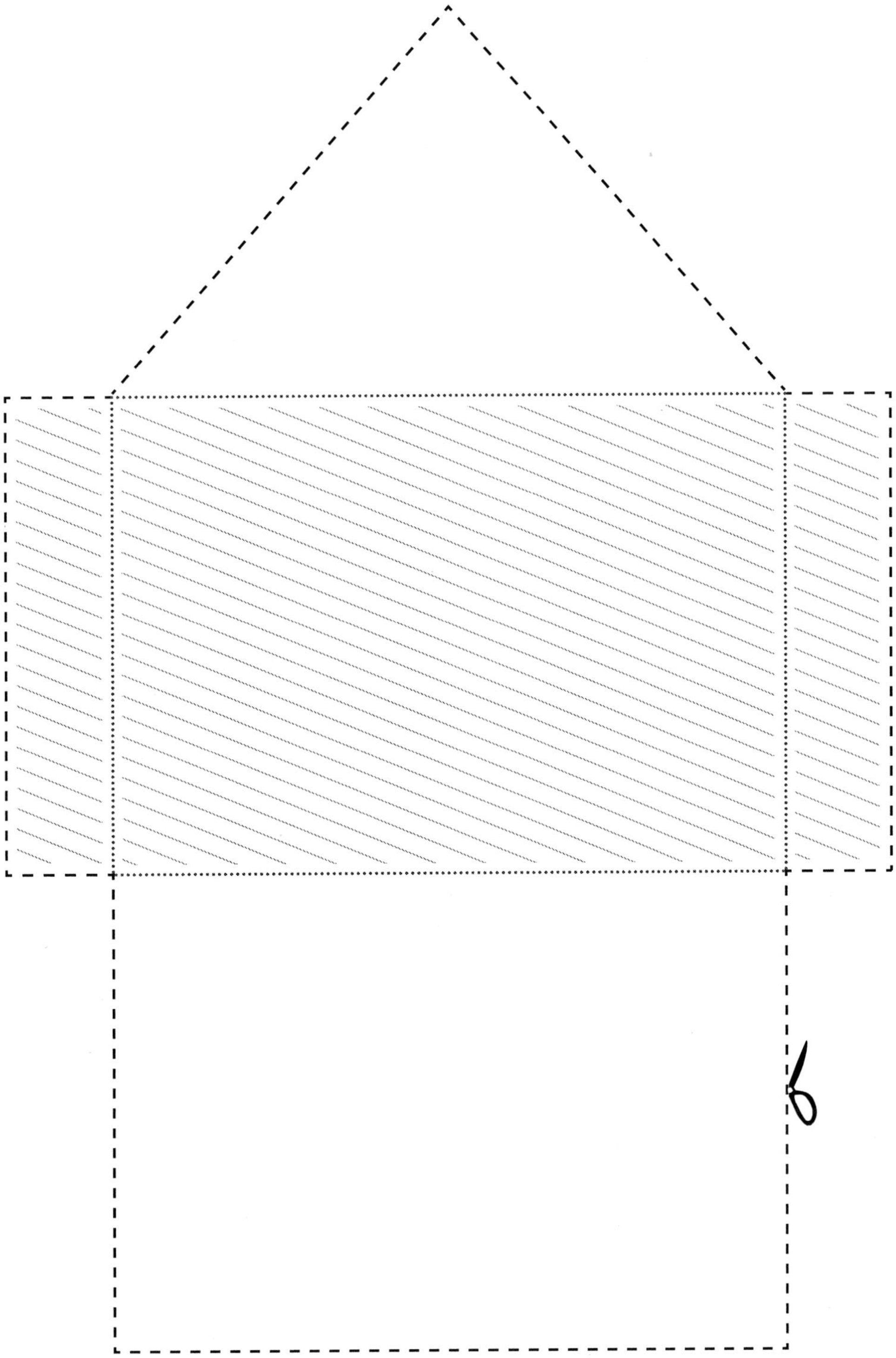

© Verlag an der Ruhr | Autorin: Eva Weber | ISBN 978-3-8346-4160-1 | www.verlagruhr.de

9 Rettung durch das Schilfmeer

Unterrichtliches Handeln	Sozialform	Medien
Einstieg ⇨ Impuls: **Vielleicht hat jemand schon seinen Auftrag erfüllt …** Die Schüler äußern sich. Weisen Sie dabei noch einmal darauf hin, dass jeder den Zeitpunkt selbst bestimmen darf.	Sitzkreis	
Begegnung ⇨ Impuls: **Wenn du glaubst, dass die Geschichte von Mose und dem Volk Israel jetzt zu Ende ist und alles gut ist, dann hast du dich getäuscht. Jetzt wird es erst richtig spannend.** ⇨ Erzählen Sie die Geschichte.	Sitzkreis	◗ Erzählung (S. 28 oben) ◗ evtl. Bibel
Vertiefung ⇨ Impuls: **Du kannst dir vorstellen, was jetzt bei dem Volk Israel los war.** Die Schüler äußern sich: Party, Tanz, Gesang, Jubel, Umarmungen … ⇨ Impuls: **Du erinnerst dich ja sicher noch an Mirjam.** Die Kinder antworten: die Schwester von Mose. **Mirjam war natürlich auch mit dabei. Sie besaß eine kleine Trommel. Vor lauter Freude fing sie an, am Ufer des Meeres zu tanzen, zu singen und die Trommel zu schlagen.** ⇨ Lassen Sie die Kinder ggf. selbst versuchen, zu rhythmischer Musik mit Instrumenten (Rasseln, Handtrommeln …) Mirjams Tanz nachzuahmen.	Plenum	◗ evtl. Instrumente (z. B. Trommeln, Rasseln) ◗ evtl. rhythmische Musik
Sicherung/Gestaltung ⇨ Eintrag ins Heft: <u>*Gott – Helfer in der Not*</u> *Nachdem Mose und sein Volk sich auf den Weg in die Freiheit gemacht haben, ändert der Pharao seine Meinung. Er schickt Soldaten hinterher. Zwischen dem Meer und den Verfolgern sitzen die Israeliten in der Klemme. Doch Mose vertraut Gott. Das Meer teilt sich. Gott rettet das Volk Israel.* ⇨ Teilen Sie die Arbeitsblätter aus. Die Kinder schneiden an den Linien von unten nach oben bis zum Querstrich ein. Dann kleben sie das Bild so auf, dass das mittlere „Wellenteil“ bis zu den Querstrichen nach oben geklappt werden kann. ⇨ Die Schüler entscheiden selbst, ob sie das Volk Israel unter den aufklappbaren Teil malen oder mit bunten Buchstaben darunterschreiben „Gott rettet!“ oder „Gott ist ein Helfer in Not!“.	Einzelarbeit	Für jedes Kind: ◗ Kopiervorlage (S. 28 unten)

Erzählung „Rettung durch das Schilfmeer“

Tausende von israelitischen Frauen, Männern und Kindern brachen auf in Richtung neues Land. Ein Land, von dem Gott sagte, es sollen dort Milch und Honig fließen. Damit meinte er, dass es ein besonders fruchtbares Land sein solle *(Erklären Sie kurz „fruchtbar“)*. Sonderbar war die riesige Wolke, die wie eine Säule vor dem Volk Israel herzog. Mose wusste: Das kann nur Gott sein, der ihm den Weg weisen wollte. In der Nacht wandelte sich die Wolkensäule in eine Feuersäule. Zu keiner Zeit ließ Gott die Israeliten im Stich.

Inzwischen fiel dem Pharao in Ägypten aber auf, wie sehr er die Israeliten für seine vielen Bauwerke brauchte. 600 Streitwagen und eine ganze Armee von Männern schickte er auf Verfolgungsjagd. Als die Israeliten die Ägypter bemerkten, bekamen sie schreckliche Angst, denn wohin sollten sie fliehen? Direkt vor ihnen lag das Meer und die Ägypter kamen hinter ihnen immer näher. Wären sie doch in Ägypten geblieben! Alles war besser, als jetzt hier zu sterben.

Lesen Sie die folgende Stelle (Ex 14,11–12) möglichst aus der Bibel vor.

Das Volk schrie zu Mose: „Warum hast du uns das angetan, dass du uns aus Ägypten geführt hast? Haben wir es dir nicht schon in Ägypten gesagt: Lass uns in Ruhe, wir wollen den Ägyptern dienen? Es wäre besser für uns, den Ägyptern zu dienen, als in der Wüste zu sterben.“

Doch Mose vertraute Gott und sprach zum Volk: „Fürchtet euch nicht! Gott wird uns retten.“ Dann streckte er seine Hand über das Meer. Ein gewaltiger Ostwind brach los und man konnte sehen, wie das Meer sich teilte.

Trockenen Fußes konnte das gesamte israelitische Volk durch das Meer laufen. Natürlich versuchten die Ägypter, das Volk einzuholen, doch noch ehe es ihnen gelang, schlugen die Wellen über ihnen zusammen. Das Volk Israel war gerettet!

(frei nach Ex 13,17–14,31)

Kopiervorlage „Meer“

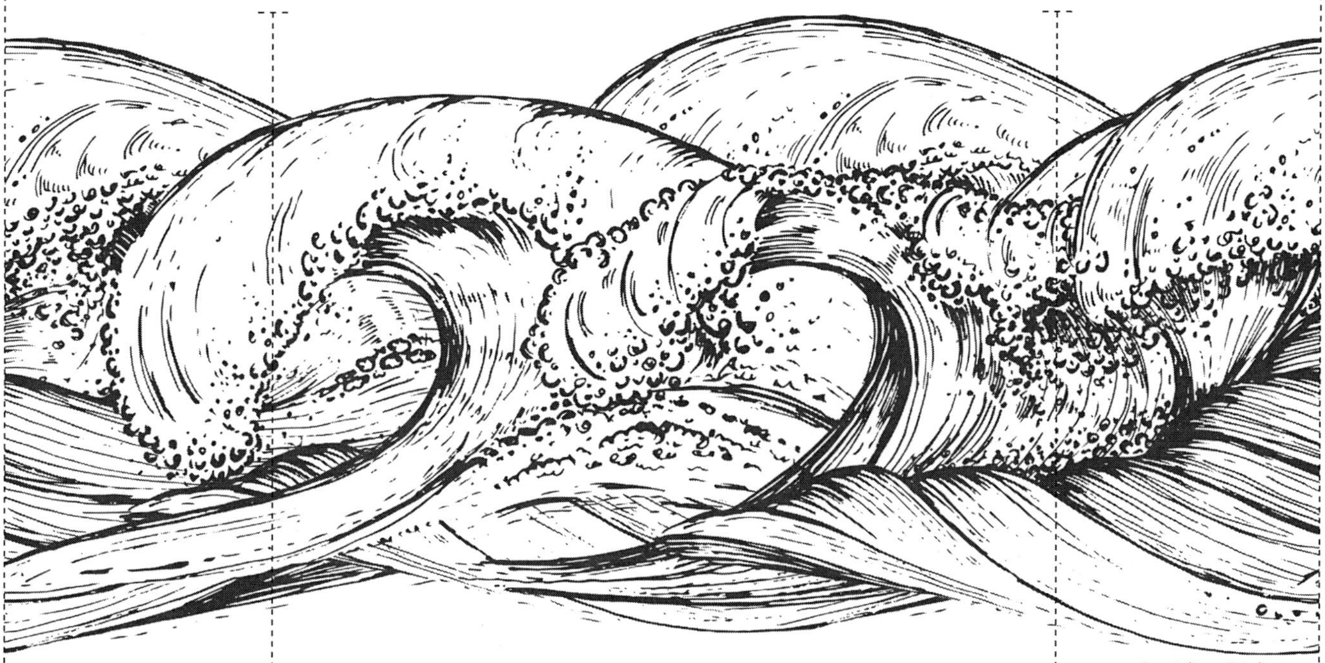

⑩ Gottes Fürsorge in der Wüste

Unterrichtliches Handeln	Sozialform	Medien
Einstieg ⇨ Impuls: **Und schon wieder hat Gott Unglaubliches getan.** Die Schüler wiederholen die Rettung der Israeliten.	Sitzkreis	
Begegnung ⇨ Zeigen Sie die vier Bildkarten zur Wüste (möglichst über Beamer). Sie können auch leise, langsame Musik dazu abspielen. ⇨ Impuls: **Stell dir vor, du wanderst durch die Wüste: tagelang; die Sonne brennt; überall nur Sand; du schwitzt und schwitzt; ein Tuch um deinen Kopf schützt ein wenig vor der sengenden Sonne; dein Wasserschlauch ist bis auf ein paar Tropfen leer. Wie fühlst du dich?** Die Schüler äußern sich. Es sollten dabei die Schlagwörter „Hunger“ und „Durst“ fallen. ⇨ Erzählen Sie die Geschichte.	Sitzkreis	◗ 4 Bildkarten „Wüste“ (S. 30 oben), vergrößert oder per Beamer ◗ evtl. langsame Musik ◗ Erzählung (S. 31) ◗ evtl. Bibel ◗ evtl. Bildkarte „Wasserschlauch“ (S. 30 unten) ◗ evtl. Landkarte mit Berg Sinai
Vertiefung ⇨ Impuls: **Zwar waren die Israeliten immer noch in der Wüste, aber Gott sorgte prima für sein Volk.** Die Kinder wiederholen: Wasser, Wachteln, Manna. **Und jetzt auch noch dieser großartige Bund, den Gott mit seinem Volk schließt.** Die Kinder wiederholen: Gott möchte mit seinem Bund für das Volk Israel da sein. Die Zehn Gebote sind die Grundlage für den Freundschaftsbund mit Gott, aber auch für das gelingende Miteinander der Menschen. ⇨ Schreiben Sie auf die Bildkarte „Freundschaft“ das Wort „Gott“ auf die eine Hand und „Volk Israel“ auf die andere Hand. Danach binden die Schüler eine Schleife mit einem Wollfaden um die beiden Hände. Wiederholen Sie noch einmal: Die Israeliten halten die Gebote ein, Gott will dafür immer der Beschützergott des Volkes Israel sein. ⇨ Kurzer Ausblick: **Wenn wir die Geschichte von Mose und dem Volk Israel ganz fertig gehört haben, werden wir uns noch genauer die Zehn Gebote anschauen.**	Plenum	◗ Bildkarte „Freundschaftsbund“ (S. 30 unten), vergrößert auf festes Papier kopiert ◗ langer Wollfaden
Sicherung/Gestaltung ⇨ Eintrag ins Heft: <u>*Gott sorgt für sein Volk*</u> *Obwohl die Israeliten in der Wüste so wenig auf Gott vertrauen, lässt Gott sie nicht im Stich. Er gibt ihnen Trinken und Essen. Mit den 10 Geboten sorgt er dafür, dass das Volk Israel gut zusammenleben kann. Er schließt einen Freundschaftsbund mit den Israeliten.* ⇨ Die Kinder kleben das Bild ein. In die eine Hand schreiben sie „Gott“, in die andere „Volk Israel“. Um die Hand binden sie eine Schleife. Das gelingt am besten, wenn sie zuerst die Wolle in das Heft legen und darüber die Hände kleben.	Einzelarbeit	Für jedes Kind: ◗ Bildkarte „Freundschaftsbund“ (S. 30 unten) ◗ langer Wollfaden

Bildkarten „Wüste, Wasserschlauch, Freundschaft“

© evenfh – Fotolia.com

© Daniel Meunier – Fotolia.com

© mara05 – Fotolia.com

© majonit – Fotolia.com

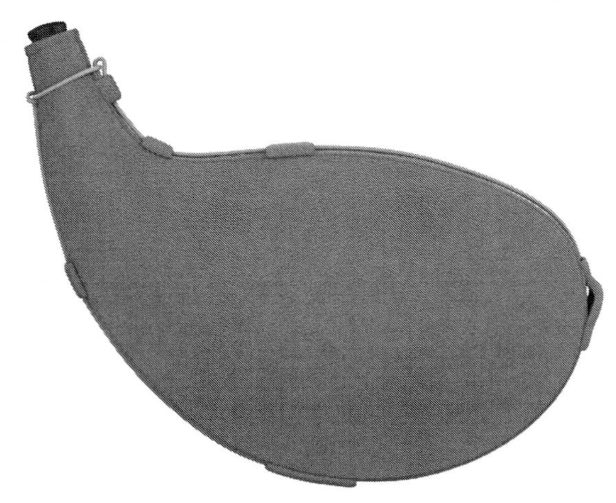
© nerthuz – Fotolia.com

© Gstudio Group – Fotolia.com

Erzählung „Gottes Fürsorge in der Wüste“

Auf dem Weg in die Freiheit, in das gute, neue Land, musste das Volk eine lange Wüstenwanderung durchstehen. Zwar brauchten sie keine Angst mehr vor den Ägyptern zu haben, aber wer versorgte sie jetzt mit Essen und Trinken?
Drei Tage lag die Rettung durch das Schilfmeer schon zurück. Seitdem schleppte sich das Volk durch die Wüste. Die Wasserschläuche waren längst leer.

Zeigen Sie hier ggf. das Bild mit dem Wasserschlauch.

Am Anfang hörte man nur vereinzelt Murren und Schimpfen. Doch nach und nach wurde das Volk immer lauter. Als sie an einer Wasserstelle vorbeikamen, schöpften sie Hoffnung. Doch das Wasser war ungenießbar. Man konnte es nicht trinken.

Lesen Sie evtl. die folgende Textstelle (Ex 15,24–25) aus der Bibel vor.
Da schrie das Volk: „Was sollen wir trinken?“ Und wieder vertraute Mose Gott und betete. Der Herr zeigte ihm ein Holz. Das warf er ins Wasser, da wurde es süß.

Später kamen sie an eine Stelle mit jeder Menge Wasserquellen und Palmbäumen, die Schatten spendeten. Schon wieder hat Gott geholfen, obwohl das Volk, außer Mose, so wenig Vertrauen zu ihm hatte.
Nachdem sie weitergezogen waren, ging ihnen nach und nach ihr Reiseproviant aus. Und wieder fingen sie an, zu murren: „In Ägypten hatten wir wenigstens genug zu essen. Sogar Fleisch hatten wir. Wahrscheinlich werden wir hier in der Wüste alle sterben.“ Wieder wandte sich Mose voll Vertrauen an Gott. Und wieder sorgte Gott für sein Volk. Sie fanden in der Wüste genug Wachteln (*ggf. Begriff klären*) und Manna (*eine Art nach Honig schmeckender Tau/Reif*), das sie essen konnten.
Nun hatten die Israeliten also mitten in der Wüste genug zu essen und zu trinken. Doch wieder gab es Schwierigkeiten. Immer häufiger kam es zu Streitereien unter den Menschen. Aber auch damit ließ Gott sein Volk nicht allein. Er rief Mose zu sich auf den Berg Sinai.

Zeigen Sie den Berg Sinai ggf. auf einer Landkarte.

Gott wollte Mose genau dort begegnen, wo er ihm schon im brennenden Dornbusch begegnet war. Und genau dort schloss Gott einen Freundschaftsbund mit Mose und seinem Volk Israel. Er traf also eine Abmachung mit den Israeliten und diese Abmachung sollte für immer bestehen bleiben – bis heute und in Ewigkeit. Mose erzählte von den zehn Regeln für ein gutes Leben miteinander, die Gott ihm und damit auch dem gesamten Volk Israel gegeben hat. Werden die Regeln eingehalten, so können alle Menschen gut und in Frieden miteinander leben.

Lesen Sie evtl. die folgende Textstelle (Ex 24,3) aus der Bibel vor.
Das gesamte Volk antwortete Mose: „Alle Worte, die der Herr gesagt hat, wollen wir tun.“

Gemeinsam feierten sie diesen großartigen Bund, den Gott mit ihnen geschlossen hatte, und das, obwohl sie immer wieder gemurrt und an Gottes Größe gezweifelt hatten. Später erhielt Mose von Gott zwei steinerne Tafeln, beschrieben mit den Zehn Geboten.

(frei nach Ex 15,22–16,34; 19,1–6; 20,1–17; 24,1–12)

11 Gottes Bund gilt auch heute

Unterrichtliches Handeln	Sozialform	Medien
Einstieg ⇨ Stummer Impuls: Legen Sie einen Wollfaden zu einem Kreis in die Mitte und binden Sie die Enden zu einer Schleife. Entweder erzählen die Kinder schon jetzt vom Freundschaftsbund mit Gott oder der nächste Impuls hilft. ⇨ Impuls: **Gott hat mit dem Volk Israel einen Freundschaftsbund geschlossen. Er wollte, dass …** Die Schüler führen fort: sie die Gebote einhalten. Dafür will er für sie sorgen und sie ins gute Land führen. ⇨ Der gebundene Wollfaden bleibt in der Mitte liegen.	Sitzkreis	◗ langer Wollfaden
Begegnung ⇨ Impuls: **Wenn ich abends die Nachrichten im Fernsehen anschaue, kommen oft ganz schlimme Dinge, die mir gar nicht gefallen.** ⇨ Die Kinder zählen auf: Krieg, Hunger, Terror, Streit, Armut, Umweltverschmutzung, Angst, Diebstahl … Ergänzen Sie ggf., wenn den Kindern nicht so viel einfällt. ⇨ Jedes Wort wird auf ein dunkles Papier geschrieben und außerhalb des Wollfadens in die Mitte gelegt. ⇨ Impuls: **Mit seinen Geboten gibt Gott die Zusage, dass die Menschen besser miteinander leben können. Ohne die Gebote im Moment schon genau zu kennen, fällt dir bestimmt ein, was wir tun können, damit es in der Welt zwischen den Menschen besser zugeht.** ⇨ Die Kinder schreiben zu jedem Wort auf helles Papier einen Lösungsvorschlag, z. B. jemandem etwas abgeben, und legen ihn über das dunkle Papier, z. B. Hunger. ⇨ Impuls: **Wenn jeder versuchen würde, sich an die Gebote zu halten, dann …** Die Schüler beenden den Satz. ⇨ Legen Sie in den gebundenen Wollfaden die Wortkarte „Gottes Gebote regeln das Zusammenleben“.	Sitzkreis	◗ dunkelgraue Zettel ◗ helle (bunte) Zettel ◗ dicker Stift ◗ Wortkarte: Gottes Gebote regeln das Zusammenleben

Unterrichtliches Handeln	Sozialform	Medien
Vertiefung ⇨ Erklären Sie den Kindern die Aktion „Wollfaden“: **Ich bin froh, dass der Freundschaftsbund mit Gott auch für mich gilt. Vor vielen Jahren habe ich schon mit Gott ausgemacht, dass ich mit ihm diesen Freundschaftsbund eingehe. Zum Zeichen dafür möchte ich jetzt ein Stückchen Faden an unseren Freundschaftsbund mit Gott anbinden.** **Möchtest du auch einen Freundschaftsbund mit Gott eingehen? Dann darfst auch du einen Wollfaden hier an unsere große Schnur anbinden.** **Es ist aber auch völlig in Ordnung, wenn du sagst, du möchtest dir das alles noch mal überlegen, vielleicht erst mal abwarten, bis wir die Zehn Gebote genau durchgenommen haben. Lass dir Zeit und fühl dich vor allem nicht gezwungen, einen Faden hier anzubinden. Übrigens kann man den Freundschaftsbund jederzeit eingehen, nicht nur hier im Reliunterricht. Das geht auch zu Hause bei dir, heute Abend oder erst in zehn Jahren, ganz ohne Faden. Sag es Gott einfach im Gebet, dass du versuchen möchtest, die Gebote einzuhalten, und dass du darauf vertraust, dass Gott mit dir durchs Leben geht und dich beschützt.** ⇨ Hier können Sie ein Gebet als Beispiel sprechen, damit die Kinder wissen, wie das geht, z. B. so: **Lieber Gott, ich möchte gern mit dir einen Freundschaftsbund eingehen. Ich werde versuchen, deine Gebote einzuhalten, und vertraue dir, dass du mich beschützen und mich durch mein Leben begleiten willst. Amen.** ⇨ Kleben Sie die Wortkarte mittig auf ein großes Tonpapier. Kleben Sie den geknoteten Wollfaden mit Klebestreifen dazu und binden Sie Ihr eigenes Wollfadenstück daran.	Sitzkreis	◗ großes Tonpapier ◗ Klebestreifen ◗ langer Wollfaden
Sicherung/Gestaltung ⇨ Hängen Sie das Tonpapier mit dem Freundschaftsbund im Klassenraum auf und stellen Sie eine Dose mit Wollfäden dazu. So können die Kinder im Laufe der Einheit weitere Freundschaftsbünde mit Gott schließen. Singen Sie ggf. während des Anbindens das Lied „Einen Engel wünsch ich dir zur Seite“.	Plenum	◗ Dose/Schälchen ◗ evtl. Lied (S. 11 unten) Für jedes Kind: ◗ Wollfaden

12 Das Volk Israel bricht den Bund mit Gott

Unterrichtliches Handeln	Sozialform	Medien
Einstieg ⇨ Betrachten Sie das Plakat von der letzten Stunde: **Ich kann schon … angeknüpfte Freundschaftsbünde mit Gott erkennen.** Lassen Sie evtl. die Kinder zählen. ⇨ Impuls: **Dass das Einhalten dieses Bundes mit Gott gar nicht so leicht ist, merkst du, wenn ich dir die Geschichte von Mose und dem Volk Israel weitererzähle. Denn noch ist sie nicht zu Ende.** Die Kinder können ergänzen: erst, wenn das Volk im guten Land angekommen ist.	Sitzkreis	◗ Plakat aus der letzten Stunde
Begegnung ⇨ Erzählen Sie den ersten Teil der Geschichte. ⇨ Impuls: **Wie enttäuscht muss Gott von seinem Volk gewesen sein …** Die Kinder zählen auf, was Gott für sein Volk alles getan hat. ⇨ Impuls: **Ob Moses Flehen etwas nützt?** Die Schüler äußern sich. ⇨ Erzählen Sie den zweiten Teil der Geschichte.	Sitzkreis	◗ Erzählung (S. 35) ◗ evtl. Bibel ◗ Bild (S. 36 oben), vergrößert und auf Goldpapier übertragen ◗ Schere
Vertiefung ⇨ Impuls: **Ich finde es toll, dass Gott den Israeliten vergibt, obwohl sie so einen Mist angestellt haben. Ich kann mir vorstellen, dass das Volk ein ganz schlechtes Gewissen hatte und dann sehr erleichtert war, als es erfuhr, dass Gott ihm vergeben hat.** ⇨ Impuls: **Und doch kann ich die Israeliten ein kleines bisschen verstehen. Denn ich finde es auch manchmal ganz schön schwer, an Gott zu glauben, weil ich ihn ja nicht sehen kann. Die Israeliten wollten einfach einen Gott haben, den sie sehen und anfassen konnten. Doch Gott hat im ersten Gebot gesagt …** ⇨ Legen Sie die Wortkarte auf die Goldschnipsel in der Mitte. Ein Kind liest das erste Gebot vor.	Sitzkreis	◗ Wortkarte (S. 36 unten), vergrößert
Sicherung/Gestaltung ⇨ Eintrag ins Heft: *Die Israeliten brechen den Freundschaftsbund mit Gott* *Das Volk macht sich seinen eigenen Gott, ein goldenes Kalb. Damit bricht es den Freundschaftsbund mit Gott. Wie gut, dass Gott ihm vergibt!* ⇨ Jedes Kind nimmt sich einen Goldschnipsel aus der Kreismitte und klebt ihn zusammen mit der Wortkarte „Erstes Gebot“ unter den Hefteintrag.	Einzelarbeit	Für jedes Kind: ◗ Wortkarte (S. 36 unten)

Erzählung „Das Volk Israel bricht den Bund mit Gott“

Teil 1

Gott hatte Mose einiges zu sagen, weshalb Mose erneut auf den Berg stieg. Gott gab ihm die Zehn Gebote, auf steinernen Tafeln aufgeschrieben, damit sie niemand vergessen konnte. Auch viele andere Regeln, z. B. wie ein Gottesdienst gefeiert werden soll, gab Gott Mose. Außerdem gab Gott auch Anweisungen zum Bau eines Tempels, damit die Menschen einen Ort hatten, um mit Gott zu reden und die Zehn Gebote aufzubewahren. Gott hatte sich dafür ein Zelt ausgedacht, denn sie waren alle Nomaden (*evtl. Begriff erklären*) und konnten somit keinen Tempel aus Steinen bauen. „Stiftshütte“ sollte dieses Zelt heißen.
Mose blieb viele, viele Tage auf dem Berg. Zur gleichen Zeit warteten die Israeliten ungeduldig auf ihn: „Wann kommt er denn endlich wieder herunter? Ob ihm vielleicht etwas zugestoßen ist? Vielleicht lebt er ja schon gar nicht mehr, sonst wäre er doch längst wieder bei uns.“ So hörte man im Lager die Israeliten sprechen. Mit ihren Fragen gingen sie zu Aaron.

Lesen Sie die folgende Stelle möglichst aus der Bibel vor (Ex 32,1–6):
„Auf, mach uns einen Gott, der vor uns hergehe! Denn wir wissen nicht, was diesem Mann Mose widerfahren ist, der uns aus Ägypten geführt hat.“ Aaron hatte eine Idee und sprach zu ihnen: „Nehmt eure goldenen Ohrringe und bringt alles zu mir.“

Ergänzen Sie: Davon hatten sie ja genug; die Ägypter hatten ihnen ja noch viel Schmuck hinterhergeworfen, damit sie wirklich aus Ägypten verschwinden.

Die Israeliten taten, wie Aaron es gesagt hatte. Aaron aber schmolz das ganze Gold und formte daraus ein goldenes Kalb.

Klären Sie den Begriff „Kalb“. Schneiden Sie gemeinsam ein auf Goldpapier aufgemaltes Kalb aus und legen Sie es in die Mitte.

Begeistert schrie das Volk Israel: „Das ist unser Gott, der uns aus Ägypten herausgeführt hat!“

Die Schüler äußern sich spontan und hoffentlich empört: Das stimmt doch gar nicht!

Aaron ordnete für den nächsten Tag ein Fest an: „Lasst uns ein Opferfest für das goldene Kalb feiern, damit wir es verehren und ihm zeigen können, dass es unser Gott ist.“

Gott aber sah, was sein Volk getan hatte. Er sprach zu Mose, der noch auf dem Berg war: „Geh hinunter zu deinem Volk. Es hat Unglaubliches getan.“ Gott berichtete Mose von dem goldenen Kalb. Mose sah, wie zornig Gott war. Er flehte ihn an, das Volk nicht zu vernichten.

Teil 2

Gott war tatsächlich sehr, sehr zornig. Auch Mose war sehr wütend auf sein Volk.
Er stieg vom Berg herunter, unter seinem Arm die beiden steinernen Tafeln mit den Zehn Geboten. Wie konnten sie nur alles vergessen! Gott hat sich doch so liebevoll um sein Volk gekümmert! Von Weitem hörte er schon sein Volk schreien und grölen, denn das Opferfest für das goldene Kalb war in vollem Gange. Wild tanzten die Israeliten um ihren neuen Gott herum. Als Mose all das sah, packte ihn so sehr der Zorn, dass er die Steintafeln mit den Geboten voller Wut auf den Boden schmetterte. Das goldene Kalb zerschmolz er im Feuer.

Zerreißen Sie das Kalb gemeinsam mit den Kindern in nicht zu kleine Stücke, sodass jeder später ein Stück Folie für sein Heft erhält. Die Schnipsel bleiben noch in der Mitte liegen.

Danach ging er voller Angst noch einmal auf den Berg und sprach zu Gott: „Bitte vergib den Menschen, dass sie sich einen eigenen Gott gemacht haben.“ Wie sehr muss Gott sein Volk doch lieben, denn er hat ihnen vergeben.

(frei nach Ex 24,13–32,24.30–33)

Bild „Goldenes Kalb“

Wortkarte „Erstes Gebot“

Ich bin der Herr, dein Gott. Ich habe dich aus Ägypten, aus der Sklaverei, befreit. Dient nicht anderen Göttern.	Ich bin der Herr, dein Gott. Ich habe dich aus Ägypten, aus der Sklaverei, befreit. Dient nicht anderen Göttern.
Ich bin der Herr, dein Gott. Ich habe dich aus Ägypten, aus der Sklaverei, befreit. Dient nicht anderen Göttern.	Ich bin der Herr, dein Gott. Ich habe dich aus Ägypten, aus der Sklaverei, befreit. Dient nicht anderen Göttern.

13 Goldene Kälber in meinem Leben

Unterrichtliches Handeln	Sozialform	Medien
Sollten Sie im Anschluss an die Unterrichtsreihe „Mose“ die Unterrichtsreihe „Die Zehn Gebote“ durchnehmen, dann ist diese Stunde nicht nötig, da sie in ähnlicher Form noch einmal vorkommt.		
Einstieg ⇨ Impuls: **Das Volk Israel bricht den Freundschaftsbund.** Die Schüler wiederholen die Geschichte. **Und irgendwie kann ich sie ein bisschen verstehen.** Die Kinder fassen zusammen: Das Volk wollte einen Gott zum Anschauen und Anfassen.	Sitzkreis	
Begegnung ⇨ Stummer Impuls: Legen Sie die Bildkarten in die Mitte. ⇨ Impuls: **Lege, ohne zu sprechen, einen Muggelstein auf das Bild, das dich besonders anspricht.** Die Kinder legen ihren Muggelstein. ⇨ Impuls: **Wenn du magst, kannst du jetzt begründen, warum du ausgerechnet dieses Bild ausgewählt hast.** Die Schüler begründen ihre Auswahl. ⇨ Impuls: **Manche Dinge in unserem Leben sind uns sehr wichtig. Das ist auch ganz o. k. Doch manchmal können diese Dinge auch Besitz von uns ergreifen. Du kannst z. B. an nichts anderes mehr denken als an deinen Körper, wie er noch schöner wird. Du gibst all dein Geld für Kosmetik aus und stehst stundenlang vor dem Spiegel. – Oder du kannst an nichts anders mehr denken als an eine Fernsehserie. Deine Gedanken drehen sich die ganze Zeit um die Schauspieler. Am liebsten würdest du mit deinen Freunden nur noch über den Inhalt der Serie sprechen.** Die Schüler erzählen aus ihrer Erfahrungswelt.	Sitzkreis	▸ Bildkarten (S. 39), vergrößert Für jedes Kind: ▸ Muggelstein
Vertiefung ⇨ Impuls: **Ein sehr kluger Pfarrer, der vor ungefähr 500 Jahren gelebt hat – Martin Luther ist sein Name – hat gesagt: „Woran du dein Herz hängst, das ist dein Gott.“** Legen Sie ein großes Papierherz in die Mitte und sprechen Sie mit den Kindern über diese Aussage. Helfen Sie ggf.: **Manche Dinge sind uns so wichtig, dass sie auch zu einem Gott werden können, aber eben zu einem falschen Gott, wie das goldene Kalb. Aber es gibt nur einen richtigen Gott – den, der die Israeliten aus der Sklaverei geführt hat. Er möchte uns Freiheit schenken, auch von Dingen, an die wir die ganze Zeit denken und für die wir unser Geld ausgeben.**	Plenum	▸ großes Papierherz ▸ einige Muggelsteine ▸ evtl. Kerze

Unterrichtliches Handeln	Sozialform	Medien
⇨ Impuls: **Es ist in Ordnung, wenn solche Dinge** (zeigen Sie auf die Bildkarten) **in deinem Herzen Platz haben.** Legen Sie ein paar Muggelsteine auf das Herz. (Die Kinder sollen wissen, dass sie auch Freude an diesen Dingen haben dürfen.) ⇨ Impuls: **Du allein entscheidest aber, wie viel Platz sie in deinem Herzen einnehmen und ob sie vielleicht schon zu einem Gott geworden sind.** ⇨ Sprechen Sie evtl. das Gebet und zünden Sie dabei eine Kerze an: **Lieber Gott, viele Sachen sind uns in unserem Leben sehr wichtig. Manche Dinge sind uns sogar so wichtig, dass wir an nichts anderes denken können. Du hast die Menschen, die damals an dich geglaubt haben, aus Ägypten befreit, und du möchtest uns auch heute noch befreien von Dingen, die wir viel zu wichtig nehmen und die uns gefangen nehmen. Hilf uns, dich in unserem Leben an die erste Stelle zu setzen, denn du meinst es gut mit uns. Amen.**		
Sicherung/Gestaltung ⇨ Eintrag ins Heft: <u>*Manchmal werden Dinge in meinem Leben zu einem Gott*</u> *Gott möchte allein Gott in meinem Leben sein, denn er meint es gut mit mir.* ⇨ Die Kinder schneiden das Herz aus und kleben es mit Klebestreifen so unter den Text, dass es nach oben aufgeklappt werden kann. Darunter können die Kinder malen, was bei ihnen in der Gefahr steht, zu viel Platz in ihrem Herzen einzunehmen.	Einzelarbeit	Für jedes Kind: ◗ Herz (S. 40) ◗ Klebestreifen

Bildkarten „Götter“

© dinostock – Fotolia.com

© Kaspars Grinvalds – Fotolia.com

© wip-studio – Fotolia.com

© baiajaku – Fotolia.com

© Michael Stifter – Fotolia.com

© biker3 – Fotolia.com

Herz „Martin Luther“

Woran du
dein Herz hängst,
das ist dein Gott.

nach Martin Luther

Herz „Martin Luther“

Woran du
dein Herz hängst,
das ist dein Gott.

nach Martin Luther

(14) Endlich im gelobten Land!

Unterrichtliches Handeln	Sozialform	Medien
Einstieg ⇨ Stummer Impuls: Legen Sie die Goldschnipsel in die Mitte. Die Schüler erzählen die Geschichte vom goldenen Kalb. ⇨ Impuls: **Heute wirst du erfahren, ob die Israeliten das gelobte Land erreichen oder nicht.**	Sitzkreis	◗ einige Goldschnipsel
Begegnung ⇨ Erzählen Sie den ersten Teil der Geschichte. ⇨ Essen Sie gemeinsam Früchte. ⇨ Erzählen Sie den zweiten Teil der Geschichte. Lassen Sie spontane Schüleräußerungen zu.	Sitzkreis	◗ Erzählung (S. 42) ◗ Früchte (v. a. Trauben) ◗ Brettchen ◗ Messer
Vertiefung ⇨ Verteilen Sie an jedes Kind eine Bild- bzw. Wortkarte. ⇨ Impuls: **Mose hat viel mit Gott erlebt. Es ist, als würde sich Gott wie ein roter Faden durch sein Leben ziehen.** Der rote Faden wird von Kind zu Kind ausgewickelt. In kurzen Abständen wird immer eine Wortkarte zusammen mit der passenden Bildkarte zum Faden gelegt. Die Wortkarte wird vorgelesen. Dann wird wieder ausgewickelt usw. Im Hintergrund kann leise Musik laufen. ⇨ Wer möchte, nimmt einen Muggelstein, legt ihn zu einem Bild und sagt: **Ich fand toll in der Mosegeschichte, dass ...** oder: **Mich hat traurig gemacht, dass...** o. Ä. ⇨ Impuls: **Wie ein roter Faden hat sich Gott durch das Leben Mose und das der Israeliten gezogen. Mit seinem Namen hat er versprochen: Jahwe – ich bin bei dir. Und er hat beschützt und geholfen. Gott möchte auch in deinem Leben ein roter Faden sein, der dir hilft, wenn du ihm vertraust.** ⇨ Jedes Kind schneidet ein Stück Faden ab und klebt es auf ein Kärtchen. Es kann im Mäppchen oder zu Hause gut sichtbar aufgehoben werden.	Sitzkreis	◗ Bild-/Wortkarten (S. 43/44) ◗ Text (S. 45) ◗ ruhige Musik ◗ rote Wolle ◗ Schere Für jedes Kind: ◗ Muggelstein ◗ Kärtchen (S. 46 unten), auf farbiges (nicht rotes) Papier kopiert ◗ Klebestreifen
Sicherung/Gestaltung ⇨ Verschieben Sie den Hefteintrag ggf. auf die nächste Stunde, wenn dafür keine Zeit mehr sein sollte. ⇨ Eintrag ins Heft: *Endlich im Land Kanaan!* *Nun steht das Volk Israel endlich kurz vor dem Land Kanaan. Doch wieder vertraut das Volk seinem Gott nicht.* ⇨ Verteilen Sie die Arbeitsblätter. Die Kinder füllen die Lücken: **1.** *40 Jahre muss das Volk Israel in der Wüste bleiben.* **2.** *Bevor Mose stirbt, zeigt Gott ihm das gelobte Land.* **3.** *Die Kinder des Volkes Israel dürfen nach 40 Jahren in das Land Kanaan.* ⇨ Wer mag, kann Sand auf den Wüstenboden kleben und eine Papier-Kinderkette ins Land Kanaan kleben.	Einzelarbeit	Für jedes Kind: ◗ Arbeitsblatt (S. 46) ◗ evtl. Kinderkette (S. 46 unten), auf farbiges Papier kopiert ◗ evtl. Sand

Erzählung „Endlich im gelobten Land!“

Teil 1

Eineinhalb Jahre waren nun schon vergangen seit dem Auszug aus Ägypten und immer noch zog das Volk Israel in der Wüste umher. Da sprach Gott zu Mose: „Mose, du bist mit deinem Volk nun schon nahe am gelobten Land – dem Land, das ich euch schenken möchte, damit ihr dort gut leben könnt. Sende Kundschafter in das Land Kanaan. So heißt das gelobte Land. Sie sollen es sich ansehen und dem Volk berichten, welch schönes Land ich für euch ausgesucht habe.“
Und so machten sich zwölf Männer auf den Weg, um das Land Kanaan auszukundschaften. Nach 40 Tagen kamen die Männer wieder zurück – mit den leckersten Früchten und riesigen Weintrauben. Das Volk Israel war begeistert. Wie schön muss es im gelobten Land sein, wenn dort so herrliche, saftige und große Früchte wuchsen. So schnell wie möglich wollte das Volk in dieses wunderbare Land Kanaan ziehen.

Teil 2

Doch da riefen die Kundschafter: „So einfach ist das nicht! In dem Land wohnen schon andere Menschen, denen es nicht gefallen wird, wenn wir uns dort ansiedeln.“
Die Israeliten waren enttäuscht. Sie fragten die Kundschafter: „Können wir denn diese Menschen besiegen?“ Zehn der zwölf Kundschafter hatten Angst, dass sie es nicht schaffen würden, dass sie vielleicht sogar verletzt oder getötet werden könnten von den Menschen in Kanaan. Doch zwei der Kundschafter, sie hießen Kaleb und Josua, vertrauten auf Gott und sagten: „Habt keine Angst, mit Gottes Hilfe schaffen wir das.“ Aber weil die Angst der anderen zehn Kundschafter so groß war, übertrieben diese vor dem Volk Israel und sprachen: „Dort, in diesem Land Kanaan, wohnen Menschen, die andere Menschen auffressen. Außerdem sind sie groß wie Riesen.“ Nun wurde aus der Enttäuschung des Volkes große Wut. „Ach, wären wir doch in Ägypten geblieben. In das gelobte Land werden wir ja doch nie einziehen. Lasst uns einen neuen Anführer wählen und wieder umkehren nach Ägypten!“ Doch plötzlich erschien die Herrlichkeit Gottes den Israeliten. Gott sprach zu Mose: „Jetzt ist es genug! Warum vertraut mir mein Volk nicht? Ich habe es aus Ägypten befreit, habe es durch das Schilfmeer und durch die Wüste geführt, es mit Essen und Trinken versorgt. Warum glaubt mir das Volk nicht?“ Gott wollte mit Mose ganz neu anfangen, aber ohne das Volk Israel. Sie sollten in der Wüste sterben.
„Nein, Gott!“, rief Mose. „Vergib ihnen, dass sie dir nicht vertrauen!“ Mose und auch Aaron beteten verzweifelt zu Gott.

Machen Sie hier eine kurze Pause. Die Kinder können vermuten, ob Gott dem Volk erneut vergibt oder ob das Maß endgültig voll ist: Das Volk hat am Schilfmeer nicht auf Rettung vertraut und wünschte sich zurück nach Ägypten; ebenso in der Wüste, als sie Hunger und Durst hatten; auch als Mose auf dem Berg die Zehn Gebote bekam, vertraute das Volk nicht darauf, dass Mose zurückkam, und schuf sich einen neuen Gott, ein goldenes Kalb. Immer vergab ihnen Gott. War es jetzt genug?

Und Gott hörte auf die Gebete von Mose und Aaron. Gott vergab seinem Volk – wieder einmal. Doch immer noch war er zornig. Und er wollte, dass das Volk Israel endlich einsieht, dass er ein mächtiger Gott ist, der beschützt, der aber auch gerecht ist und Gehorsam von seinem Volk fordert. Und so musste das Volk Israel weitere 40 Jahre in der Wüste umherirren, ohne in das gelobte Land einziehen zu können. Nur die Kinder wollte Gott später in das gelobte Land ziehen lassen.
Und so kam es dann auch: 40 Jahre zog das Volk Israel in der Wüste umher. Die Menschen wurden alt und starben. Auch Mose war schon sehr, sehr alt. Kurz vor seinem Tod ging er auf einen Berg und Gott zeigte ihm das wunderschöne Land Kanaan. Dann starb Mose. Aber so, wie es Gott versprochen hatte, durften die Kinder von damals, die jetzt auch schon erwachsen waren, in das gelobte Land, das Land Kanaan, einziehen.

(frei nach Num 13,1–14,39; Dtn 34,1–5)

Bild-/Wortkarten „Gedanken zu Mose Leben“

1a

Schifra

1b

Pua

2

© Dorothee Wolters

3

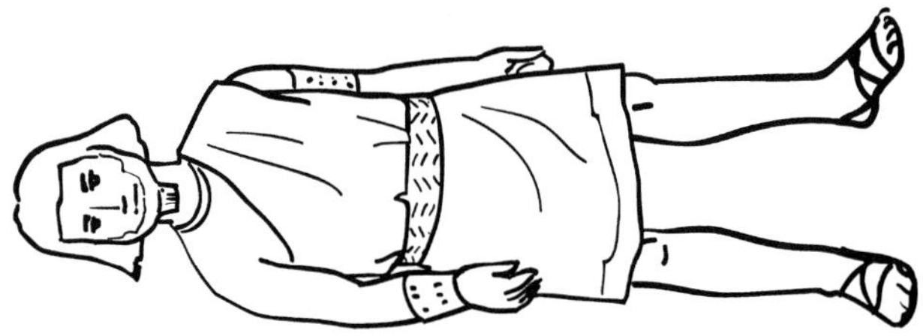

© Dorothee Wolters

4

© Dorothee Wolters

5

Jahwe

6

Führe mein Volk aus Ägypten!

7

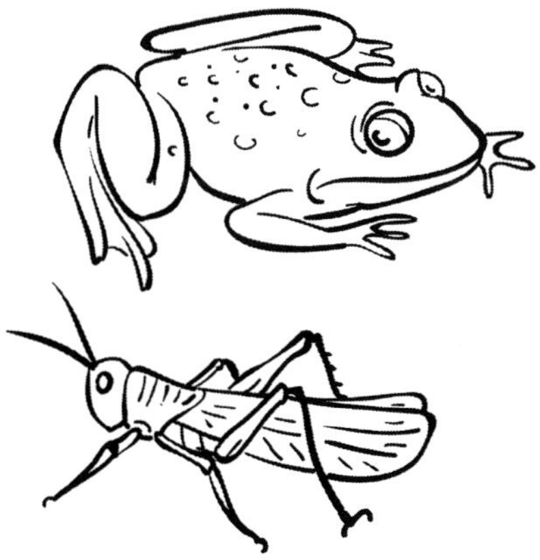

© Dorothee Wolters

8

© Dorothee Wolters

Bild-/Wortkarten „Gedanken zu Mose Leben"

9

© Dorothee Wolters

10a

Manna

10b

Wachteln

11

© Dorothee Wolters

12

© Dorothee Wolters

13

© Dorothee Wolters

14

© Dorothee Wolters

15

© Dorothee Wolters

16

© Dorothee Wolters

© Verlag an der Ruhr | Autorin: Eva Weber | ISBN 978-3-8346-4160-1 | www.verlagruhr.de

Text „Gedanken zu Mose Leben“

1a/1b Ich erinnere mich an seine Rettung vor dem Kindertod durch die beiden wunderbaren Hebammen Schifra und Pua.	**9** Ich erinnere mich an die Rettung am Schilfmeer.
2 Ich erinnere mich an die Rettung, als er als Baby in dem Körbchen im Nil von der Pharaonentochter gefunden und gerettet wurde.	**10a/10b** Ich erinnere mich an die Versorgung mit Essen und Trinken in der Wüste.
3 Ich erinnere mich, dass er wie ein Königssohn im Palast des Pharaos aufwachsen durfte.	**11** Ich erinnere mich an die Zehn Gebote am Gottesberg.
4 Ich erinnere mich an die sonderbare Begegnung mit Gott in Midian am brennenden Dornbusch.	**12** Ich erinnere mich an das goldene Kalb und dass Gott dem Volk vergeben hat.
5 Ich erinnere mich, dass ihm dort am brennenden Dornbusch Gott seinen Namen gesagt hat: Jahwe, das heißt: Ich bin bei dir.	**13** Ich erinnere mich an die süßen Früchte, die die Kundschafter aus dem gelobten Land mitgebracht haben.
6 Ich erinnere mich, dass Gott ihm einen Auftrag gegeben hat: Mose soll das Volk Israel aus Ägypten führen.	**14** Ich erinnere mich an die 40 Jahre, die das Volk Israel in der Wüste verbringen musste, weil es Gott nicht vertraut hat.
7 Ich erinnere mich an die vielen Wunder, die Gott getan hat, damit der Pharao endlich das Volk Israel ziehen lässt.	**15** Ich erinnere mich, dass Gott Mose kurz vor seinem Tod auf einen Berg geführt hat, damit er das schöne Land Kanaan sehen kann.
8 Ich erinnere mich an den Auszug der Israeliten aus Ägypten.	**16** Ich erinnere mich an die Kinder des Volkes Israel, die nach 40 Jahren endlich in das gelobte Land einziehen durften.

Arbeitsblatt „Wüste/gelobtes Land“

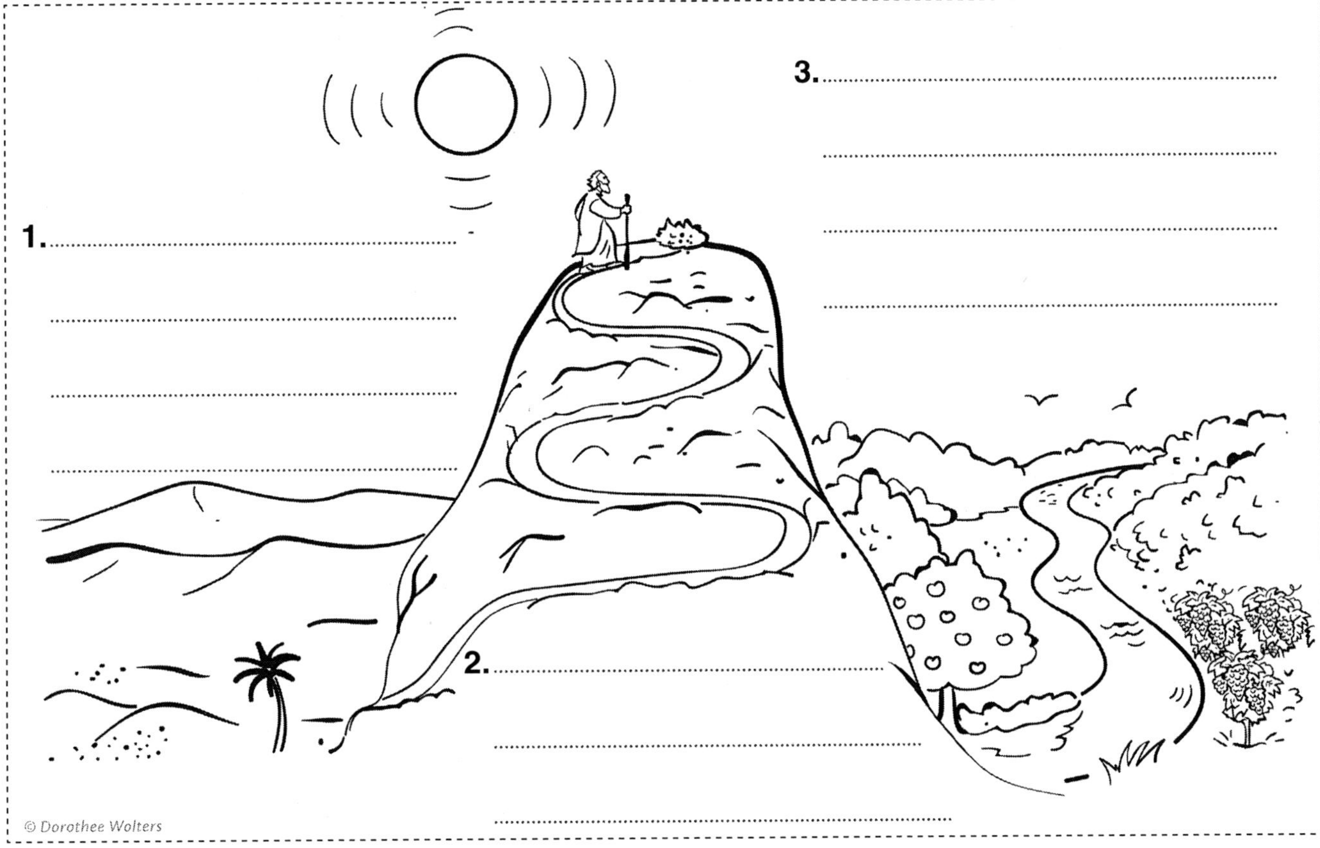

Kärtchen & Kinderkette

Gott möchte in meinem Leben der rote Faden sein.	Gott möchte in meinem Leben der rote Faden sein.

© Verlag an der Ruhr | Autorin: Eva Weber | ISBN 978-3-8346-4160-1 | www.verlagruhr.de

Die Zehn Gebote

1 Gemeinschaft

Unterrichtliches Handeln	Sozialform	Medien
Sollten Sie die Einheit „Mose“ vor „Die Zehn Geboten“ behandelt haben, können Sie die folgenden zwei Stunden „Gemeinschaft“ und „Gemeinschaft braucht Regeln“ auch weglassen.		
Einstieg ⇨ Stummer Impuls: Die Schüler lesen in 2er-Gruppen leise den Text. ⇨ Lesen Sie den Text noch einmal gemeinsam laut. ⇨ Impuls: **Dieser Text wurde vor langer Zeit geschrieben. Der Verfasser war Augustinus, ein wichtiger Kirchenmann. Einiges in dem Text hast du vielleicht noch nicht verstanden. Das klären wir später. Aber sicher hat dir der eine oder andere Satz gut gefallen und du musstest vielleicht an etwas denken. Erzähle uns davon.** Die Schüler äußern sich. ⇨ Lesen Sie den Text in Form einer „Leseschlange“: Jedes Kind liest bis zum nächsten Punkt. Durch das mehrmalige Lesen wird der Text besser verinnerlicht.	Plenum	Für jede 2er-Gruppe: ◗ Arbeitsblatt (S. 49)
Begegnung ⇨ Impuls: **Manches in dem Text hast du schon gut verstanden, manches wollen wir gemeinsam klären.** ⇨ Sammeln Sie zu den einzelnen Abschnitten Beispiele. Dazu können Sie die Erklärungshilfen verwenden.	Plenum	◗ Erklärungsbeispiele (S. 50)
Vertiefung ⇨ Impuls: **Nun ist dir die Bedeutung des Textes klar geworden. Ich habe mir zu diesem Text eine Überschrift überlegt.** Zeigen Sie die Wortkarte. Die Kinder äußern sich dazu. (Das passt gut dazu, weil …) ⇨ Impuls: **Fällt dir eine Gemeinschaft ein, in der du dich befindest und in der du vielleicht genau die Dinge erlebst, die wir hier in diesem Text gelesen haben?** Die Schüler sammeln: Schule, Familie, Sportverein … ⇨ Sagen Sie noch einmal betont: **Gemeinschaft haben mit anderen, das ist wirklich etwas Schönes!**	Plenum	◗ Wortkarte: Gemeinschaft
Sicherung/Gestaltung ⇨ Jede 2er/3er-Gruppe wählt einen Abschnitt aus dem Text und gestaltet mit Strichmännchen und Sprechblasen entsprechende Situationen dazu. Als Hilfestellung und Ideen können erneut die Beispiele dienen. ⇨ Die Strichmännchen und Sprechblasen werden auf ein farbiges DIN-A4-Blatt geklebt. ⇨ Betrachten Sie im Stehkreis die einzelnen Werke. Die Kinder aus den anderen Gruppen überlegen, welcher Textabschnitt dazu passt. ⇨ Im Idealfall werden die Bilder mit entsprechendem Text und Überschrift im Klassenzimmer aufgehängt.	Gruppenarbeit/ Stehkreis	Für jede 2er/3er-Gruppe: ◗ farbiges DIN-A4-Blatt ◗ weißes Papier

Arbeitsblatt „Augustinus: Bekenntnisse“

Miteinander plaudern und lachen,

sich gegenseitig Gefälligkeiten erweisen,

gemeinsam schöngeistige Bücher lesen,

einander bald necken, bald Achtung bezeugen,

bisweilen Meinungsverschiedenheiten austragen, aber ohne Hass, wie man ja auch wohl mit sich selber uneins ist,

durch den nur selten vorkommenden Streit die sonst meist bestehende Übereinstimmung würzen,

einander belehren und voneinander lernen,

die Abwesenden schmerzlich vermissen, die Rückkehrenden freudig begrüßen,

durch solche und ähnliche Zeichen, wie sie in Liebe und Gegenliebe, durch Kuss, Rede, Blick und tausend freundliche Gebärden sich kundtun,

die Herzen in Glut versetzen und die vielen zur Einheit verschmelzen.

Quelle: Aurelius Augustinus, Wilhelm Thimme (Übers.): Confessiones/Bekenntnisse, S. 139. Patmos, 2004.

Erklärungsbeispiele „Bekenntnisse“

1. vor dem Unterricht, in der Pause, auf dem Schulweg …

2. (Definition „Gefälligkeiten“: Hilfsbereitschaft)
   Mitschüler bei einer Aufgabe helfen, auch mal einen Dienst für jemand anderen übernehmen, jemandem die Tür aufhalten …

3. gemeinsam in der Klasse, mit Freunden, in einem Lesekreis …

4. (Definition „necken“: „Kämpfchen“ untereinander, sich aber dennoch nicht wehtun)
   aufhören mit Necken, wenn der andere nicht mehr will; nur necken – nicht ärgern! …

5. streiten ohne schlimme Wörter, d. h. den anderen nicht beleidigen; streiten, ohne wehzutun; streiten und sich wieder versöhnen …

6. Freundschaft trotz Meinungsverschiedenheiten; viele Meinungen bewirken oft optimale Lösungsfindung – kompromissbereit werden

7. bei Aufgaben in der Schule, beim Sport, im Umgang mit Freunden (sich Nettigkeiten im Pausenhof abschauen); bei „belehren“ immer aufpassen, dass es freundlich geschieht – keiner sollte den „Oberpolizisten“ spielen …

8. weinen dürfen (wenn z. B. Oma und Opa oder ein guter Freund wieder nach Hause fahren); Freude zulassen und z. B. jemanden zur Begrüßung umarmen …

9. siehe 8.: nicht immer cool sein, sondern auch Gefühle zulassen (z. B. einen netten Brief schreiben, jemanden freundlich anlächeln oder auch mal umarmen; ihm auch mal sagen: „Du, ich mag dich!“) …

10. Eine Klasse kann aus vielen einzelnen Schülern bestehen, die nicht viel miteinander zu tun haben wollen; sie kann aber auch eine Gemeinschaft sein, in der alle sich gegenseitig achten.

② Gemeinschaft braucht Regeln

Unterrichtliches Handeln	Sozialform	Medien
Einstieg ⇨ Impuls: **Gemeinschaft ist etwas sehr Schönes!** Die Kinder nennen ihre Assoziationen zur letzten Stunde (Beispiele aus dem Augustinus-Bekenntnis).	Sitzkreis	
Begegnung ⇨ Stummer Impuls: Legen Sie die Bildkarte in die Mitte. Die Kinder betrachten das Bild und äußern sich ggf. dazu. ⇨ Impuls: **Hier an diesem Freundeskreis kann ich die Gemeinschaft richtig gut erkennen. Doch nicht immer gelingt Gemeinschaft. Dazu wollen wir jetzt etwas ausprobieren.** ⇨ Stellen Sie die Gummibärchen in die Mitte, daneben ein Kartenspiel und eine Kappe. ⇨ Sagen Sie zum Schüler neben sich: **Fang an!** ⇨ Die Kinder merken, dass sie Regeln brauchen. Sie überlegen sich selbst Regeln (dabei müssen sowohl die Karten als auch die Kappe verwendet werden). Dann spielen sie nach ihren Regeln das Spiel. (Beispiel: Der Stapel mit den Karten wird im Stuhlkreis verdeckt herumgereicht. Jeder Schüler deckt die oberste Karte auf und legt sie wieder unter den Stapel. Ist die Karte rot, darf er sich die Kappe aufsetzen und ein Gummibärchen nehmen.)	Sitzkreis	◗ Bildkarte (S. 52 oben) ◗ Schälchen mit Gummibärchen ◗ Spielkarten-Set ◗ Kappe
Vertiefung ⇨ Impuls: **Du hast erkannt, weshalb unser Spiel erst gar nicht funktioniert hat und auch keinen Spaß gemacht hat.** Die Kinder äußern sich (wir brauchen Regeln für ein Spiel). ⇨ Impuls: **Damit Gemeinschaft gelingt, brauchen wir also Regeln, egal ob wir gemeinsam spielen, gemeinsam lernen, gemeinsam Sport machen oder einfach nur miteinander leben.** ⇨ Sammeln Sie an der Tafel Regeln, die für eine gelingende Gemeinschaft wichtig sind (Beispiele: Gehe freundlich mit deinem Mitmenschen um. Sei höflich. Gehe achtsam mit Dingen um, die dir nicht gehören. Nimm Rücksicht auf deinen Mitmenschen. …)	Plenum	
Sicherung/Gestaltung ⇨ Eintrag ins Heft: *Damit Gemeinschaft gelingt, brauchen wir Regeln!* ⇨ Die Kinder kleben das Bild darunter und schreiben die Regeln von der Tafel um das Bild.	Einzelarbeit	Für jedes Kind: ◗ Bild (S. 52 unten)

Bildkarte „Freundeskreis“

© New Africa – Fotolia.com

Bild „Freundeskreis“

© Rudie – Fotolia.com

© Rudie – Fotolia.com

3 Das erste Gebot (1/2)

Unterrichtliches Handeln	Sozialform	Medien
Wenn Sie die Einheit „Mose“ nicht vor den „Zehn Geboten“ behandelt haben, empfiehlt es sich, aus einer Kinderbibel die Mose-Geschichte vorzulesen, damit die Herkunft der Zehn Gebote klar wird.		
Einstieg ⇨ Impuls: **Gott hat Mose Regeln für ein gutes Zusammenleben geschenkt.** Die Schüler äußern sich. ⇨ Legen Sie das erste Gebot als Textstreifen in die Mitte (ohne „Macht euch kein Bild von mir“). Ein Kind liest vor.	Sitzkreis	◗ Satzstreifen erstes Gebot, Teil 1 (S. 55)
Begegnung ⇨ Stummer Impuls: Legen Sie die Bildkarten in die Mitte. ⇨ Impuls: **Lege, ohne zu sprechen, einen Muggelstein auf das Bild, das dich besonders anspricht.** Jedes Kind legt seinen Muggelstein ab. ⇨ Impuls: **Wenn du magst, kannst du begründen, warum du dieses Bild ausgewählt hast.** Die Schüler erzählen. ⇨ Impuls: **Manche Dinge in unserem Leben sind uns sehr wichtig. Das ist auch ganz o.k. Doch manchmal können diese Dinge auch Besitz von uns ergreifen. Du kannst z.B. an nichts anderes mehr denken als an deinen Körper, wie er noch schöner wird. Du gibst all dein Geld für Kosmetik aus und stehst stundenlang vor dem Spiegel. – Oder du kannst an nichts anders mehr denken als eine Fernsehserie. Deine Gedanken drehen sich die ganze Zeit um die Schauspieler. Am liebsten würdest du mit deinen Freunden nur noch über den Inhalt der Serie sprechen.** Die Schüler erzählen aus ihrer Erfahrungswelt.	Sitzkreis	◗ Bildkarten (S. 39) Für jedes Kind: ◗ Muggelstein
Vertiefung ⇨ Impuls: **Ein sehr kluger Pfarrer, Martin Luther ist sein Name und er hat vor ungefähr 500 Jahren gelebt, hat gesagt: „Woran du dein Herz hängst, das ist dein Gott.“** Legen Sie ein großes Papierherz in die Mitte und sprechen Sie mit den Kindern über diese Aussage. Helfen Sie ggf.: **Manche Dinge sind uns so wichtig, dass sie auch zu einem Gott werden können, aber eben zu einem falschen Gott, wie das goldene Kalb. Aber es gibt nur einen richtigen Gott – den, der die Israeliten aus der Sklaverei geführt hat. Er möchte uns Freiheit schenken, auch von Dingen, an die wir die ganze Zeit denken und für die wir unser Geld ausgeben.**	Plenum	◗ großes Papierherz ◗ evtl. Kerze

Unterrichtliches Handeln	Sozialform	Medien
⇨ Impuls: **Es ist in Ordnung, wenn solche Dinge** (zeigen Sie auf die Bildkarten) **in deinem Herzen Platz haben.** Legen Sie ein paar Muggelsteine auf das Herz. (Die Kinder sollen wissen, dass sie auch Freude an diesen Dingen haben dürfen.) ⇨ Impuls: **Du allein entscheidest aber, wie viel Platz sie in deinem Herzen einnehmen und ob sie vielleicht schon zu einem Gott geworden sind.** ⇨ Sprechen Sie evtl. das Gebet: **Lieber Gott, viele Sachen sind uns in unserem Leben sehr wichtig. Manche Dinge sind uns sogar so wichtig, dass wir an nichts anderes denken können. Du hast die Menschen, die damals an dich geglaubt haben, aus Ägypten befreit und du möchtest uns auch heute noch befreien von Dingen, die wir viel zu wichtig nehmen und die uns gefangen nehmen. Hilf uns, dich in unserem Leben an die erste Stelle zu setzen, denn du meinst es gut mit uns. Amen.**		
Sicherung/Gestaltung ⇨ Eintrag ins Heft (quer): *Das 1. Gebot: Ich bin euer Gott, ich habe euch aus Ägypten befreit. Dient nicht anderen Göttern*. Am besten wird ein senkrechter Strich in der Mitte des quer gelegten Heftes gezogen. ⇨ Auf die linke Seite tragen die Kinder unter das Gebot ein: *Martin Luther, ein sehr wichtiger und berühmter Pfarrer, sagte: „Woran du dein Herz hängst, das ist dein Gott."* Die rechte Seite wird in der nachfolgenden Stunde ergänzt. ⇨ Die Kinder schneiden das Herz aus und kleben es mit Klebestreifen so unter den Text, dass es nach oben aufgeklappt werden kann. Darunter malen oder schreiben die Kinder, was in ihrem Leben zurzeit sehr wichtig ist.	Einzelarbeit	Für jedes Kind: ◗ Kopiervorlage (S. 56 unten) ◗ Klebestreifen

Satzstreifen „Die Zehn Gebote"

1. Ich bin euer Gott, ich habe euch aus Ägypten befreit. Dient nicht anderen Göttern.

Macht euch kein Bild von mir.

2. Sprecht meinen Namen nicht gedankenlos aus.

3. Haltet den Ruhetag ein.

4. Ehrt Vater und Mutter.

5. Tötet niemanden.

Satzstreifen „Die Zehn Gebote“

6. Brecht nicht die Ehe.

7. Stehlt nicht.

8. Lügt nicht.

9./10. Seid nicht neidisch aufeinander.

© Verlag an der Ruhr | Autorin: Eva Weber | ISBN 978-3-8346-4160-1 | www.verlagruhr.de

Kopiervorlage „Herz“

Gott sagt:
Ich habe dich aus Ägypten
aus der Sklaverei geführt.
Ich möchte,
dass du frei bist!

© Verlag an der Ruhr | Autorin: Eva Weber | ISBN 978-3-8346-4160-1 | www.verlagruhr.de

4 Das erste Gebot (2/2)

Unterrichtliches Handeln	Sozialform	Medien
Einstieg ⇨ Impuls: **In der letzten Stunde hast du das erste Gebot kennengelernt, das Gott uns geschenkt hat.** Die Schüler wiederholen den ersten Teil des ersten Gebots. ⇨ Legen Sie den Satzstreifen in die Mitte.	Sitzkreis	◗ Satzstreifen erstes Gebot, Teil 1 (S. 55)
Begegnung ⇨ Impuls: **Das erste Gebot hat noch einen zweiten Teil.** Legen Sie den zweiten Teil dazu, ein Kind liest vor. ⇨ Impuls: **Warum dürfen wir uns wohl von Gott kein Bild machen?** Die Schüler äußern sich dazu. ⇨ Stellen Sie gemeinsam fest: Gott ist unfassbar, er lässt sich nicht in eine Vorstellung pressen. Er ist so vieles.	Sitzkreis	◗ Satzstreifen erstes Gebot, Teil 2 (S. 55)
Vertiefung ⇨ Schreiben Sie auf ein Papier: „Gott ist wie …" Sammeln Sie gemeinsam: ein Hirte, eine Mutter, ein Vater, eine feste Burg, eine Sonne … Ggf. können Sie auch selbst Begriffe nennen. Die Kinder fügen Begründungen hinzu: „Gott ist wie eine Sonne, weil er mich wärmen kann"; „Gott ist wie ein Vater/eine Mutter, der/die sich liebevoll um mich kümmert"; „Gott ist wie ein Hirte, der sich um mich sorgt" (vgl. das Gleichnis vom verlorenen Schaf); „Gott ist wie eine feste Burg, die beschützen kann" (von Martin Luther). ⇨ Legen Sie ggf. zur Unterstützung die Bilder in die Mitte, betonen Sie dabei aber, dass Gott nicht so aussieht wie z. B. der Hirte auf dem Bild, sondern dass Gott so ist wie ein Hirte, der sich um uns kümmert wie um seine Schafe. ⇨ Impuls: **Gott ist frei von jeder bestimmten Vorstellung.**	Plenum	◗ DIN-A4-Papier ◗ dicker Stift ◗ Bildkarten (S. 58), vergrößert
Sicherung/Gestaltung ⇨ Der Eintrag im Heft zur letzten Stunde wird ergänzt. Die Kinder schreiben in die rechte Spalte: *Macht euch kein Bild von mir. Gott ist so unvorstellbar groß, dass er nicht in ein Bild gepresst werden kann. Aber wir können ihn vergleichen.* ⇨ Die Schüler schreiben in das Fragezeichen: *Gott ist wie …* ⇨ Das Fragezeichen wird nur am oberen Rand in die zweite Spalte geklebt, sodass es aufklappbar ist. Darunter kleben oder malen die Kinder ein Bild, das für sie der passendste Vergleich für Gott ist. ⇨ Text unter beide Spalten: *Der Gott, der die Israeliten aus Ägypten befreit hat, ist auch heute noch für uns da. Er möchte an erster Stelle in unserem Leben stehen, denn er meint es gut mit uns.*	Einzelarbeit	◗ Bildkarten (S. 58), zugeschnitten in ausreichender Anzahl Für jedes Kind: ◗ Fragezeichen (S. 58) ◗ Klebestreifen

Bildkarten & Fragezeichen

© Rui Vale de Sousa – Fotolia.com

© foto-aldente – Fotolia.com

© Lulu Berlu – Fotolia.com

© zdravinjo – Fotolia.com

5 Das zweite Gebot

Unterrichtliches Handeln	Sozialform	Medien
Einstieg ⇨ Impuls: **Du hast in den beiden letzten Stunden das erste Gebot kennengelernt.** Die Schüler wiederholen. ⇨ Hängen Sie das erste Gebot im Klassenzimmer auf. In den nächsten Stunden folgen die weiteren Gebote. ⇨ Stoßen Sie wie zufällig an Ihr Mäppchen, sodass alle Stifte herausfallen. Rufen Sie (übertrieben): **Oh, mein Gott! Jetzt fällt alles runter! Dabei wollte ich euch doch eigentlich nur das zweite Gebot zeigen.**	Sitzkreis	◗ Satzstreifen erstes Gebot (S. 55)
Begegnung ⇨ Sammeln Sie die Stifte auf und hängen Sie das zweite Gebot an die Tafel. Ein Schüler liest es laut vor. ⇨ Ggf. äußern sich die Kinder bereits. Sagen Sie andernfalls: **Oje, da habe ich wohl nicht richtig reagiert. Was habe ich gesagt, als mir das Mäppchen runtergefallen ist?** Die Kinder wiederholen: Oh, mein Gott! ⇨ Impuls: **Bevor wir näher auf dieses Gebot eingehen, überlegt euch bitte drei Minuten lang Ausrufe, die man sagt, wenn man überrascht, erschrocken, sehr erfreut usw. ist. Schreibt sie auf, ohne über das zweite Gebot nachzudenken.** Die Schüler notieren Ausrufe auf Zettel. ⇨ Die Ergebnisse werden vorgelesen. ⇨ Ein Schüler liest noch einmal das zweite Gebot vor. ⇨ Impuls: **Streiche alle Ausrufe, die etwas mit Gott zu tun haben, mit einem roten Stift durch.** Die Kinder streichen durch. ⇨ Impuls: **Ob du wohl weißt, weshalb Gott in solchen Ausrufen nicht vorkommen möchte?** Die Schüler äußern sich. (Ich meine ja eigentlich gar nicht Gott dabei, sondern sage es einfach nur so dahin).	Plenum	◗ Satzstreifen zweites Gebot (S. 55) ◗ leere Zettel ◗ dicker, roter Stift ◗ Lineal
Vertiefung ⇨ Impuls: **Ich erzähle dir eine Geschichte. Du erkennst sicher, was sie mit dem zweiten Gebot zu tun hat.** Die Schüler äußern sich. (Wenn ich mit Gott rede, dann sollte es ernsthaft und nicht einfach dahingesprochen sein.) ⇨ Führen Sie ein Gespräch, z. B. über Gebete in Gottesdiensten, die heruntergeleiert werden. Man sollte lieber gar nicht beten, als es nicht ernst zu meinen. Amen bedeutet: So sei es. Das sollte man nur sagen, wenn man es so meint.	Plenum oder Sitzkreis	◗ Geschichte (S. 60 oben)
Sicherung/Gestaltung ⇨ Eintrag ins Heft: <u>*Das 2. Gebot: Sprecht meinen Namen nicht gedankenlos aus*</u>. ⇨ Die Kinder kleben das Schmuckblatt ein. Darauf kleben sie ihren zusammengefalteten Zettel. ⇨ Auf die Linien schreiben sie: *Wenn Gott uns wichtig ist, dann achten wir auf unsere Worte.*	Einzelarbeit	◗ Arbeitsblatt (S. 60 unten)

Geschichte „Paul und Jonathan“

Paul und Jonathan, zwei Jungs von sieben und fünf Jahren, sind es gewohnt, vor dem Essen zu beten, sich also bei Gott zu bedanken, dass sie täglich an einem gedeckten Tisch sitzen können. Manchmal hört sich ihr Tischgebet so an: „Lieber Gott, ich danke dir, dass du uns wieder so ein leckeres Essen geschenkt hast.“ Manchmal hört sich das Gebet so an: „Lieber Gott, danke fürs Essen.“ Und manchmal hört es sich so an (*langweilig und schnell gesprochen*): „Lieber Gott, danke fürs Essen.“ Am Abend vor dem Schlafengehen beten Paul und Jonathan auch. Sie bedanken sich bei Gott für all das Schöne, das sie den Tag über erlebt haben, oder sprechen auch mit Gott darüber, was nicht so schön war. Sie bitten Gott auch um eine gute Nacht und schöne Träume. Das hört sich dann ungefähr so an: „Lieber Gott, vielen Dank für all die schönen Sachen, die wir heute erlebt haben. Schade, dass ich mit meinem Bruder gestritten habe. Bitte mach, dass wir morgen wieder nett zueinander sind. Und bitte schenk uns jetzt eine gute Nacht und schöne Träume.“ Manchmal hört sich ihr Gebet aber auch so an (*langweilig und schnell gesprochen*): „Lieber Gott, danke für den Tag und schenk uns gute Träume.“

Arbeitsblatt „Schmuckrahmen“

© Verlag an der Ruhr | Autorin: Eva Weber | ISBN 978-3-8346-4160-1 | www.verlagruhr.de

6 Das dritte Gebot

Unterrichtliches Handeln	Sozialform	Medien
Einstieg ⇨ Impuls: **Nun kennst du schon das erste und zweite Gebot.** Die Schüler wiederholen. ⇨ Stummer Impuls: Legen Sie die Wortkarte in die Mitte. Die Kinder erzählen von ihren Sonntagen.	Sitzkreis	◗ Wortkarte: Sonntag
Begegnung ⇨ Impuls: **Du hast vieles erzählt, was schön ist am Sonntag.** Lassen Sie kurz noch einmal aufzählen. **Manches gefällt dir aber auch nicht am Sonntag.** Die Kinder zählen auf, z. B.: Es ist langweilig. ⇨ Impuls: **Gott hat uns mit dem dritten Gebot wirklich ein Geschenk gemacht.** ⇨ Legen Sie den Satzstreifen mit dem dritten Gebot in die Mitte. Ein Schüler liest vor. ⇨ Impuls: **Weshalb, glaubst du, wollte uns Gott mit diesem Tag beschenken?** Die Schüler äußern sich. Helfen Sie ggf.: **Er selbst hat nach Erschaffung der Welt am siebten Tag geruht. Er möchte, dass wir uns ausruhen. Der Sonntag ist ein besonderer Tag.** ⇨ Impuls: **Aber der Sonntag soll auch ein Tag für Gott sein – ein Tag, an dem wir Gott ganz bewusst in unseren Tag mit einbeziehen. Deshalb werden Gottesdienste gefeiert. Viele Kirchengemeinden bieten auch tolle Kindergottesdienste an.** ⇨ Die Kinder erzählen evtl. kurz von Kindergottesdiensten.	Sitzkreis	◗ Satzstreifen drittes Gebot (S. 55)
Vertiefung ⇨ Impuls: **Manche Leute sind dafür, den Sonntag als Feiertag abzuschaffen. Wie ist deine Meinung dazu?** ⇨ Die Schüler diskutieren über das Für und Wider. Das Ergebnis sollte aber für den Feiertag sein. ⇨ Impuls: **Manche Leute haben sogar einen Aufkleber auf ihrem Auto, um allen zu zeigen, was sie denken. Darauf steht z. B. „Ohne Sonntag gibt es nur noch Werktage."**	Plenum	
Sicherung/Gestaltung ⇨ Eintrag ins Heft: <u>*Das 3. Gebot: Haltet den Ruhetag ein.*</u> *Der Sonntag ist ein Tag, an dem die Arbeit ruhen darf. Wir können ihn zusammen mit unserer Familie genießen. Der Sonntag ist aber auch ein Tag, an dem wir Gott besonders nah sein können, z. B. wenn wir uns Zeit nehmen, mit ihm zu reden (zu Hause oder im Gottesdienst).* ⇨ Die Kinder erstellen in Partnerarbeit ein Akrostichon: Sie schreiben *SONNTAG* untereinander ins Heft und notieren zu jedem Buchstaben eine schöne Sache, z. B. Schlafen, Oma besuchen etc.	Einzelarbeit	

7 Das vierte Gebot

Unterrichtliches Handeln	Sozialform	Medien
Einstieg ⇨ Impuls: **Kannst du die ersten drei Gebote nennen?** Die Kinder nennen die Gebote. ⇨ Impuls: **Ich möchte dir eine Geschichte zum vierten Gebot erzählen.**	Sitzkreis	
Begegnung ⇨ Lesen Sie die Geschichte vor. Die Kinder äußern sich. ⇨ Impuls: **Vielleicht leben deine Großeltern auch bei dir zu Hause.** Die Kinder erzählen. ⇨ Impuls: **Manches können Oma und Opa nicht mehr, dann brauchen sie Hilfe.** Die Schüler nennen Beispiele. ⇨ Legen Sie den Satzstreifen mit dem vierten Gebot in die Mitte. Ein Schüler liest vor. ⇨ Impuls: **Gott hat uns das vierte Gebot geschenkt, damit erwachsene Kinder ihren alt gewordenen Eltern helfen. So ist das Gebot ursprünglich gemeint. Trotzdem gilt das Gebot auch den Kindern, wie ihr es seid. Überlege, warum das Gebot auch dir gilt.** Die Schüler äußern sich (z. B. Ich kann meinen Eltern auch helfen, indem ich …).	Sitzkreis	◗ Geschichte (S. 63 oben) ◗ Satzstreifen viertes Gebot (S. 55)
Vertiefung ⇨ Impuls: **Das vierte Gebot lautet: Ehrt Vater und Mutter. Ich möchte mit euch noch ein bisschen weiterdenken.** ⇨ Legen Sie das Bild in die Mitte. Die Kinder äußern sich. ⇨ Impuls: **Wenn ich mir das Bild so anschaue, dann könnte hier etwas nicht stimmen.** Die Kinder sollten darauf kommen, dass auch für die Eltern gilt: Ehrt eure Kinder. Nur so kann Familie funktionieren. Geben Sie ggf. Hilfestellungen, um zu dieser Erkenntnis hinzuleiten. ⇨ Teilen Sie die Satzstreifen aus. Die Kinder schreiben zu ruhiger Musik so viele Satzstreifen auf, wie sie möchten. Wer mag, kann seine Sätze anschließend vorlesen. Sprechen Sie evtl. das Gebet: Lieber Gott, du siehst, dass es in unseren Familien manchmal gar nicht so toll läuft. Hilf uns allen, dass wir gerecht und liebevoll miteinander umgehen können. Amen.	Sitzkreis, bei Unruhe Plenum	◗ Bild (S. 63 unten) ◗ evtl. Kerze ◗ ruhige Musik Für jedes Kind: ◗ 2–3 Satzstreifen (S. 64)
Sicherung/Gestaltung ⇨ Eintrag ins Heft: <u>*Das 4. Gebot: Ehrt Vater und Mutter.*</u> *Gott will, dass wir in unseren Familien gut miteinander umgehen und füreinander sorgen.* ⇨ Die Kinder basteln einen Briefumschlag und kleben ihn unter den Text. In den Umschlag stecken sie ihre ausgefüllten Textstreifen.	Einzelarbeit	Für jedes Kind: ◗ Briefumschlag (S. 26)

Geschichte „Der Großvater und der Enkel“

Es war einmal ein alter Mann, der konnte kaum gehen, seine Knie zitterten, er hörte und sah nicht viel und hatte auch keine Zähne mehr. Wenn er nun bei Tisch saß und den Löffel kaum halten konnte, schüttete er Suppe auf das Tischtuch und es floss ihm auch etwas wieder aus dem Mund. Sein Sohn und dessen Frau ekelten sich davor und deswegen musste sich der alte Großvater hinter den Ofen in die Ecke setzen. Sie gaben ihm sein Essen in ein Tonschüsselchen. Da sah er betrübt nach dem Tisch und die Augen wurden ihm nass. Einmal auch konnten seine zitterigen Hände das Schüsselchen nicht festhalten, es fiel zur Erde und zerbrach. Die junge Frau schimpfte, er aber sagte nichts und seufzte nur. Da kauften sie ihm ein hölzernes Schüsselchen für ein paar Geldstücke, daraus musste er nun essen. Wie sie nun da so saßen, trug der kleine Enkel von vier Jahren auf der Erde kleine Brettlein zusammen. „Was machst du da?“, fragte der Vater. „Ei“, antwortete das Kind, „ich mach ein Schüsselchen, daraus sollen Vater und Mutter essen, wenn ich groß bin.“ Da sahen sich Mann und Frau eine Weile an, fingen endlich an, zu weinen, holten sofort den alten Großvater an den Tisch und ließen ihn von nun an immer mitessen, sagten auch nichts, wenn er ein wenig verschüttete.

(nach: Jacob und Wilhelm Grimm: Kinder- und Hausmärchen. 2 Bände, Band 1, Berlin 1812/15, S. 355–356.)

Bild „trauriges Kind“

© Gelpi – Fotolia.com

Satzstreifen „Ich wünsche mir eine Familie, die …"

Ich wünsche mir eine Familie, die ....

....

Ich wünsche mir einen Vater, der ....

....

Ich wünsche mir eine Mutter, die ....

....

Ich wünsche mir einen Bruder, der ....

....

Ich wünsche mir eine Schwester, die ....

....

Ich wünsche mir eine Oma, die ....

....

Ich wünsche mir einen Opa, der ....

....

8 Das fünfte Gebot

Unterrichtliches Handeln	Sozialform	Medien
Einstieg ⇨ Impuls: **Du kennst nun die ersten vier Gebote.** Die Schüler wiederholen.	Sitzkreis	
Begegnung ⇨ Stummer Impuls: Zeigen Sie die Bilder. Die Kinder äußern sich spontan dazu. ⇨ Legen sie den Satzstreifen zu den Bildern. Ein Schüler liest vor. ⇨ Impuls: **Uns ist klar, dass jemanden zu töten, etwas extrem Schlimmes ist. Dieses Gebot ist auf den ersten Blick für uns ganz einfach zu verstehen. Doch bedeutet dieses Gebot vielleicht auch noch ein bisschen mehr als nur „Tötet niemanden"?** ⇨ Die Schüler überlegen, wie das fünfte Gebot zu den Bildern passt. ⇨ Anschließend überlegen die Kinder, wie die Situationen auf den Bildern jeweils besser gelöst werden können. Dazu legen sie das Stoppschild auf das entsprechende Bild und schlagen dann ein besseres Verhalten in der dargestellten Situation vor.	Sitzkreis	◗ Bildkarten (S. 66), vergrößert ◗ Satzstreifen fünftes Gebot (S. 55) ◗ Stoppschild (S. 66)
Vertiefung ⇨ Impuls: **Jesus hat einmal eine Geschichte erzählt, in der es auch ums Wegschauen vom Leid anderer geht, aber auch ums Helfen.** ⇨ Erzählen Sie das Gleichnis vom barmherzigen Samariter. ⇨ Impuls: **Einer hat sich richtig verhalten.** Die Kinder antworten. ⇨ Impuls: **Du kannst uns jetzt noch einmal sagen, wie das fünfte Gebot lautet und was es bedeutet.** Die Schüler nennen das Gebot und den erweiterten Sinn: Töte niemanden, füge niemandem Schaden zu und hilf, wenn jemand deine Hilfe braucht.	Plenum	◗ Erzählung (S. 67 unten)
Sicherung/Gestaltung ⇨ Eintrag ins Heft: <u>*Das 5. Gebot: Tötet niemanden*</u>. *Gott schenkt uns unser Leben. Er schützt es mit seinem Gebot: Töte niemanden. Das Gebot meint aber auch: Füge deinem Mitmenschen keinen Schaden zu, sondern hilf ihm, wenn er Hilfe benötigt.* ⇨ Die Kinder kleben das Bild ein. ⇨ Zu dem Mädchen, das den Rollstuhl schiebt, wird eine Sprechblase geklebt, in die die Schüler schreiben: *Ich schaue nicht weg, wenn mich jemand braucht!*	Einzelarbeit	Für jedes Kind: ◗ Bild (S. 67 oben) ◗ Sprechblase (S. 67 oben)

Bildkarten „Ungute Situationen, STOP“

© WavebreakMediaMicro – Fotolia.com

© matimix – Fotolia.com

© bramgino – Fotolia.com

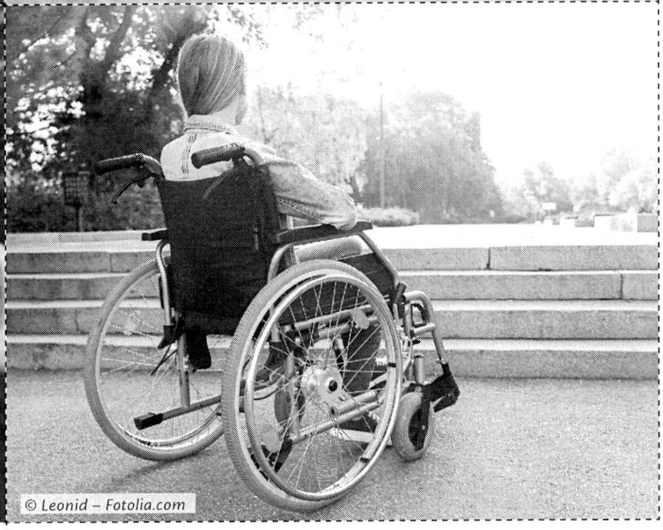

© Leonid – Fotolia.com

© Dark Vectorangel – Fotolia.com

Bilder „Kind im Rollstuhl, Sprechblase“

© Dorothee Wolters

© Verlag an der Ruhr

Erzählung „Der barmherzige Samariter“

Jesus erzählte: Es war ein Mann, der wollte eine Reise unternehmen von der Stadt Jerusalem in die Stadt Jericho. Er packte ein paar Sachen und ging los. Auf seinem Weg wurde er von Räubern niedergeschlagen und ausgeraubt. Verletzt ließen die Räuber den Mann liegen und machten sich auf und davon.
Lange blieb der Mann dort liegen. Dann endlich kam jemand den Weg entlang. Es war ein Priester, einer, der den Menschen viel über Gott erzählte. Doch er ging einfach vorüber.
Wieder lag der verletzte Mann lange Zeit dort im Staub. Endlich kam noch jemand vorbei: ein Tempeldiener, einer, der für Ordnung im Tempel Gottes sorgte. Doch auch er ging einfach vorüber.
Da kam ein Mann aus dem Land Samarien vorbei. Die Menschen dort – man nannte sie auch Samariter – waren damals sehr unbeliebt. Man mochte sie einfach nicht. Doch dieser Samariter kniete sich nieder zu dem verletzten Mann, goss vorsichtig heilendes Öl auf seine Wunden, legte Verbände an und hob ihn auf seinen Esel. Dann brachte er ihn in ein Gasthaus und pflegte ihn. Am nächsten Tag zog er zwei Silbergroschen heraus, gab sie dem Wirt und sprach: „Pflege ihn und wenn du mehr Geld brauchst für seine Pflege, dann will ich es dir bezahlen, wenn ich wiederkomme.“

(frei nach Lk 10,30–35)

9 Das sechste Gebot

Unterrichtliches Handeln	Sozialform	Medien
Es wäre gut, wenn bei diesem Gebot zur Sprache käme, dass manche Ehen geschieden werden. Jede geschiedene Ehe ist zwar traurig, aber es gibt Situationen, in denen es besser ist, wenn man auseinandergeht, statt immer nur zu streiten. Vielleicht möchten Kinder darüber sprechen und empfinden es als beruhigend, dass auch andere Kinder mit dieser Problematik konfrontiert sind.		
Einstieg ⇨ Impuls: **Du kennst nun die ersten fünf Gebote.** Die Schüler wiederholen. ⇨ Impuls: **Das fünfte Gebot haben wir erweitert.** Die Kinder ergänzen. Helfen Sie dabei ggf..	Sitzkreis	
Begegnung ⇨ Legen Sie den Satzstreifen in die Mitte. Ein Kind liest vor. ⇨ Impuls: **Das sechste Gebot betrifft euch noch gar nicht, denn niemand von euch ist verheiratet. Trotzdem geht euch das Gebot auch etwas an. Hört euch einmal folgende Geschichte an.** ⇨ Lesen Sie die Geschichte vor. ⇨ Impuls: **Nun fragst du dich wahrscheinlich, was diese Geschichte mit dem sechsten Gebot zu tun hat.** Die Schüler kommen im Gespräch darauf, dass es sowohl in einer Freundschaft als auch in einer Ehe um Treue und Vertrauen geht.	Sitzkreis	◗ Satzstreifen sechstes Gebot (S. 56) ◗ Geschichte (S. 69 oben)
Vertiefung ⇨ Impuls: **Es gibt mehrere Möglichkeiten, wie unsere Geschichte ausgehen könnte**. Die Kinder überlegen sich in 3er-Gruppen eine Möglichkeit. ⇨ Rollenspiel: Jede Gruppe spielt das Ende nach. Dabei darf die Geschichte auch ruhig schlecht ausgehen. Weisen Sie aber in einem kurzen Gespräch darauf hin, dass hier gegen das sechste Gebot verstoßen wird.	Gruppenarbeit	
Sicherung/Gestaltung ⇨ Eintrag ins Heft: <u>*Das 6. Gebot: Brecht nicht die Ehe.*</u> *Gott möchte, dass wir nicht nur in der Ehe treu sind und uns aufeinander verlassen können. Er möchte auch, dass wir unsere Freunde und unsere Freundinnen nicht im Stich lassen.* ⇨ Die Kinder wählen jeweils zwei Figuren und schneiden sie aus. Sie kleben sie so unter den Text, dass sie nahe beieinanderstehen. Der linke Arm der einen Figur wird mit dem rechten Arm der anderen Figur unterhakt, sodass eine innige Freundschaft erkennbar ist. ⇨ Wer mag, kann noch Sprechblasen dazumalen und Sätze ergänzen (z. B. *Wir halten zusammen. Ich lass dich nicht im Stich. etc.*).	Einzelarbeit	Für jedes Kind: ◗ 2 Figuren (S. 69 unten)

Geschichte „Anna und Katja"

Anna hat seit dem Kindergarten eine beste Freundin: Katja. Inzwischen gehen sie in dieselbe Klasse. Gemeinsam haben sie schon viel erlebt und eigentlich unternehmen sie fast jeden Tag etwas zusammen: Fahrrad fahren, zum Spielplatz gehen, etwas zusammen basteln, für die Mamas gemeinsam zum Einkaufen gehen. Und am Wochenende übernachten sie ganz oft einmal bei der einen, dann wieder bei der anderen. Es ist echt schön, eine beste Freundin zu haben.

Vor drei Wochen ist ein neues Mädchen, Maria, in ihren Ort gezogen und geht nun auch in die Klasse von Anna und Katja. Maria hat wunderschöne, lange Haare und immer tolle Kleider an. Anna hat sie gestern Nachmittag besucht. Das Kinderzimmer von Maria ist ein einziger Prinzessinnentraum. Und so viele Spiele hat Maria – alles neu, alles teuer, alles toll. Anna hat viel Spaß mit Maria. Heute in der Schule fragt Katja, ob Anna wieder Lust hat, mit ihr zum Spielplatz zu gehen. Da drängt sich Maria dazwischen und legt schnell den Arm um Annas Schultern: „Anna ist jetzt meine Freundin. Und natürlich, Anna, kommst du heute wieder zu mir. Wir hatten doch gestern so viel Spaß. Aber nur du kommst zu mir. Die da kommt nicht mit." Maria zeigt auf Katja.

Figuren

(10) Das siebte Gebot

<table>
<tr><th>Unterrichtliches Handeln</th><th>Sozialform</th><th>Medien</th></tr>
<tr><td>Einstieg
⇨ Impuls: Nun kennst du schon sechs Gebote. Die Schüler wiederholen.
⇨ Impuls: In der letzten Stunde haben wir uns das sechste Gebot angesehen. Im ersten Moment habt ihr gedacht, dass es euch gar nicht betrifft. Aber dann haben wir das Gebot erweitert. Die Kinder erzählen.</td><td>Sitzkreis</td><td></td></tr>
<tr><td>Begegnung
⇨ Stummer Impuls: Legen Sie das Bild in die Mitte. Die Schüler äußern sich dazu.
⇨ Impuls: Ich möchte euch eine Geschichte erzählen.
⇨ Lesen Sie die Geschichte vor.
⇨ Legen Sie den Satzstreifen in die Mitte. Ein Kind liest vor.
⇨ Impuls: Vielleicht hast du ja schon einmal Ähnliches erlebt (hast gestohlen oder wurdest bestohlen). Die Schüler dürfen erzählen, müssen aber nicht. Wenn ja, sollte das Gespräch auf die Gefühle gelenkt werden.
⇨ Gott hat uns das siebte Gebot geschenkt, damit wir das Eigentum unserer Mitmenschen achten. Und doch passiert es uns, dass wir das Gebot missachten, auch mir. Ich möchte gern Gott um Verzeihung bitten. Wenn du möchtest, dann darfst du das auch tun. Entweder leise nur für dich oder laut, indem du vielleicht einfach sagst: Verzeih mir, Gott. Fühle dich aber nicht gezwungen, zu beten.
⇨ Sprechen Sie evtl. das Gebet: Lieber Gott, manche von uns haben schon einmal gestohlen – auch ich. Das war nicht richtig. Hilf mir bitte, dass ich den Mut aufbringen kann, meine Schuld dem Menschen gegenüber einzugestehen, den ich bestohlen habe. Hilf mir, es nicht noch einmal zu tun. Amen.</td><td>Sitzkreis</td><td>◗ Bild (S. 72 oben)
◗ Geschichte (S. 71 unten)
◗ Satzstreifen siebtes Gebot (S. 56)
◗ evtl. Kerze</td></tr>
<tr><td>Vertiefung
⇨ Impuls: Gott meinte ursprünglich mit diesem Gebot, dass Menschen nicht einfach geraubt werden dürfen, dass man ihnen also nicht einfach die Freiheit rauben darf. Bestimmt erinnert dich das an etwas. Die Schüler äußern sich dazu: Israeliten waren Sklaven, waren nicht frei, bis Gott sie von den Ägyptern befreit hat.
⇨ Impuls: Aber natürlich meint das Gebot auch den Besitz eines jeden. Manchmal frage ich mich aber, ob es Situationen gibt, in denen Menschen stehlen dürfen, z. B. aus Hunger. Die Kinder äußern sich. Lassen Sie hier verschiedene Meinungen zu und gestehen Sie ein, auch selbst die Antwort nicht zu wissen.
⇨ Impuls: Gott leidet mit jedem einzelnen Kind mit, das hungern muss. Deshalb glaube ich, dass wir auch das siebte Gebot erweitern können. Die Schüler vermuten: Wir, die wir viel haben, sollten auch abgeben und teilen.</td><td>Sitzkreis, bei Unruhe Plenum</td><td>◗ ca. 10–15 Äpfel
◗ Messer
◗ Brettchen
◗ Schale</td></tr>
</table>

Unterrichtliches Handeln	Sozialform	Medien
⇨ Impuls: **Ich habe hier ein paar Äpfel mitgebracht.** ⇨ Schneiden Sie mehrere Äpfel auf und legen Sie sie in eine Schale. Jedes Kind darf ein Stück davon essen. ⇨ Impuls: **Wir wollen das siebte Gebot mit seiner Erweiterung ausprobieren.** Vielleicht kommen die Schüler selbst darauf, in der Schule mit Kindern zu teilen. Lenken Sie ggf. das Gespräch. ⇨ Impuls: **Es ist jetzt gleich Pause. Bei uns an der Schule gibt es sicher das eine oder andere Kind, das vielleicht kein Pausenbrot dabei hat. Und hier kommen unsere Äpfel ins Spiel.** Die Kinder schlagen vor, die Apfelschnitze zu verteilen.		
Sicherung/Gestaltung ⇨ Eintrag ins Heft: *Das 7. Gebot: Stehlt nicht.* *Gott möchte mit dem 7. Gebot unseren Besitz schützen. Er möchte darüber hinaus aber auch, dass wir von unserem Besitz abgeben an Menschen, die nicht so viel haben wie wir.* ⇨ Die Kinder malen zwei bunte Strichmännchen darunter. Sie schneiden die Bildkarte mit dem Apfel auseinander und kleben jedem Strichmännchen eine Hälfte in die Hand.	Einzelarbeit	Für jedes Kind: ▸ Bildkarte (S. 72 unten)

Geschichte „Lea und Amelie“

Lea und Amelie sind beste Freundinnen. Beide haben lange Haare: Lea blonde und Amelie braune. Amelie liebt alles, was glitzert. Unter anderem liebt sie schöne, glitzernde Haarspangen. Eines Tages zeigt Lea ihr ihre Haarspangensammlung. Alle Haarspangen bewahrt Lea in einer hübschen Dose in ihrem Nachtkästchen auf. Was sind da nicht für schöne Haarspangen drin! Es glitzert und funkelt nur so aus dieser Dose. Gemeinsam schauen sie sich all die schönen Haarspangen an. Amelie hat längst nicht so viele zu Hause und schon gar keine, die so schön glitzern. Plötzlich muss Lea kurz aus dem Zimmer, weil ihre Mutter nach ihr ruft. Amelie ist kurz mit all den schönen Haarspangen allein. Und da kann sie nicht widerstehen: Sie nimmt sich zwei schöne Spangen, die rot und rosa glitzern, aus der Dose und schiebt sie schnell in ihre Hosentasche. Lea bekommt von all dem nichts mit. Auch später bemerkt sie das Fehlen der zwei Spangen nicht. Beide spielen den ganzen Nachmittag. Aber du kannst dir sicher vorstellen, wie es in Amelies Herz aussieht.

Lassen Sie die Kinder Vermutungen anstellen.

Das schlechte Gewissen plagt Amelie in den folgenden Tagen ganz furchtbar. Außerdem kann sie die Haarspangen gar nicht anziehen, denn in der Schule würde ihre Freundin sie ja sehen und ihre Mutter würde natürlich auch fragen, wo sie denn plötzlich diese Spangen herhabe. Ein paar Tage später ist Amelie wieder bei Lea und in einem unbeobachteten Moment legt sie die beiden Spangen schnell wieder in die Dose zurück. Jetzt fühlt sie sich sehr, sehr erleichtert. Allerdings ist Amelie nicht so mutig, ihrer Freundin auch direkt zu sagen, dass sie sie bestohlen hat.

Bild „Stehlen“

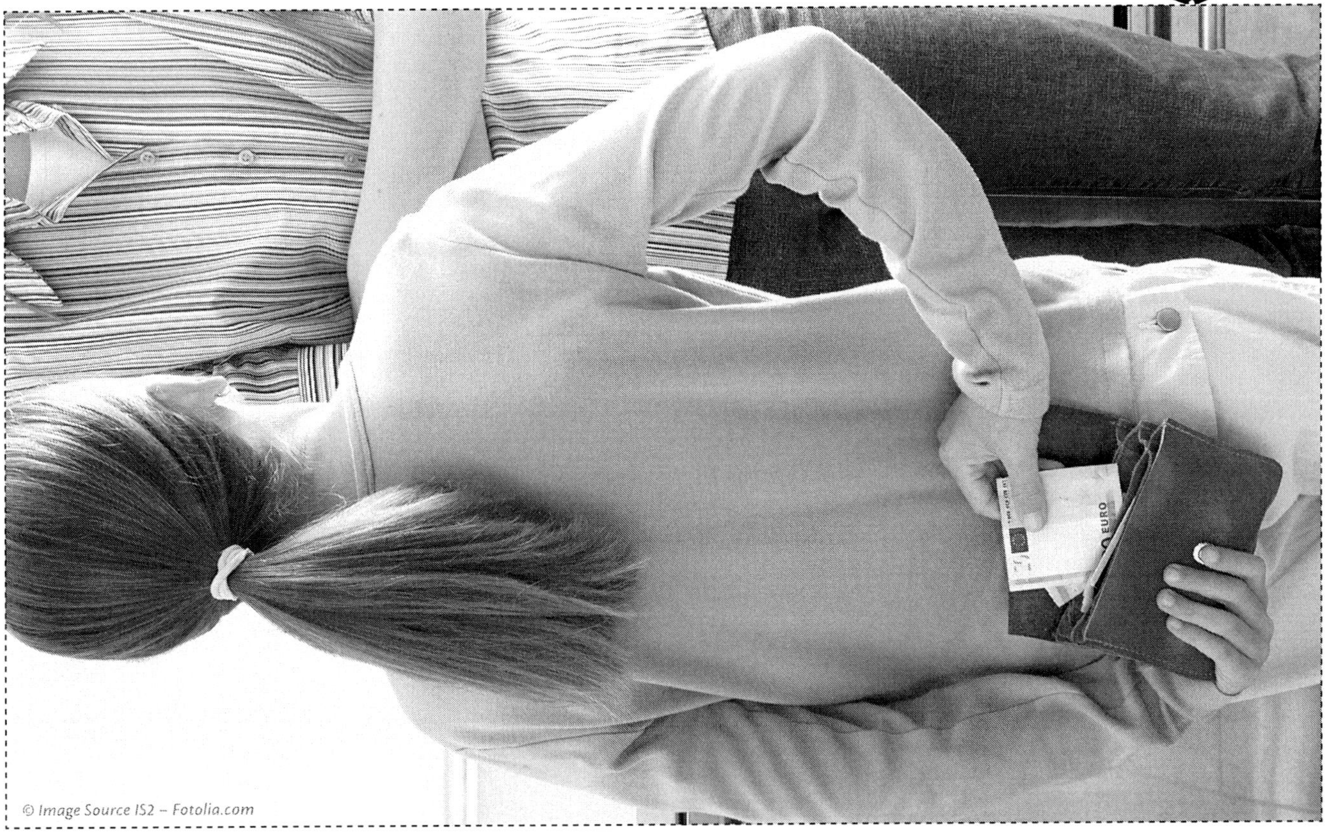

© Image Source IS2 – Fotolia.com

Bildkarte „Apfel“

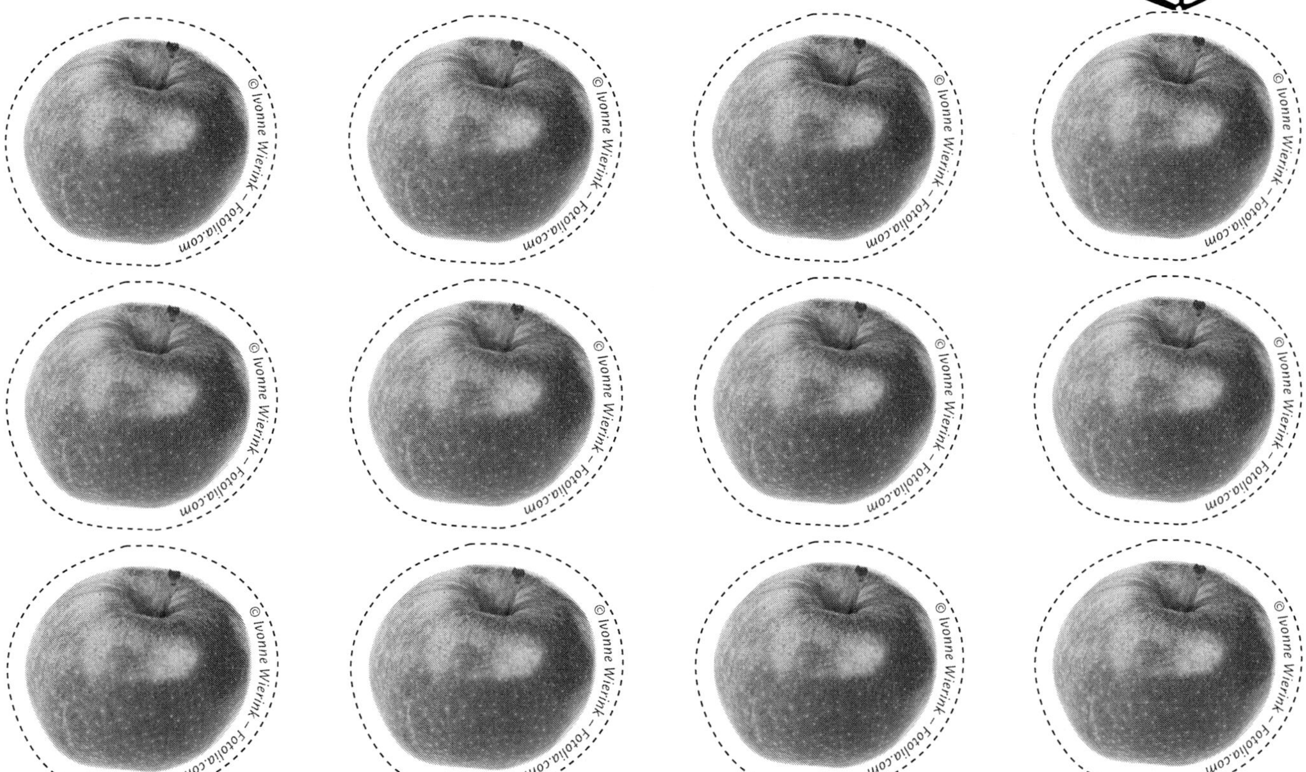

© Ivonne Wierink – Fotolia.com

© Verlag an der Ruhr | Autorin: Eva Weber | ISBN 978-3-8346-4160-1 | www.verlagruhr.de

11 Das achte Gebot

Unterrichtliches Handeln	Sozialform	Medien
Einstieg ⇨ Impuls: **Du kennst sieben Gebote.** Die Schüler wiederholen die Gebote mit den jeweiligen Erweiterungen. ⇨ Spielen Sie „Stille Post". Wählen Sie am besten einen Satz über eine „neutrale" Person, z. B. Pumuckl ist ganz schön frech.	Sitzkreis	
Begegnung ⇨ Zeigen Sie das Bild. Die Schüler äußern sich dazu. ⇨ Rollenspiel: Die Kinder bilden 3er-Gruppen. Jede Gruppe schlüpft in die Rolle der Schwätzweiber und überlegt sich, was sie über andere „schwätzen"/tuscheln könnten. Die Gruppen stellen ihre Ergebnisse im Plenum vor. ⇨ Impuls: **Ich versuche, mir gerade vorzustellen, wie sich wohl derjenige oder diejenige fühlen mag, über den oder die die Schwätzweiber gerade geredet haben.** Greifen Sie evtl. ein konkretes Beispiel der Schüler aus dem Rollenspiel wieder auf. Die Kinder äußern sich dazu. ⇨ Impuls: **Über jemand anderen reden, das kennst du sicher auch.** Die Kinder erzählen. Weisen Sie ggf. (noch einmal) darauf hin, dass man schnell Lügen verbreiten kann, wenn man über jemanden redet. Verweisen Sie auf das Spiel „Stille Post": Der Inhalt des Satzes verändert sich immer ein bisschen. ⇨ Legen Sie den Satzstreifen in die Mitte. Ein Kind liest vor.	Gruppenarbeit, Plenum	◗ Bild (S. 74) ◗ Satzstreifen achtes Gebot (S. 56)
Vertiefung ⇨ Impuls: **Lügen kann schon damit anfangen, dass man schlecht über andere redet. Wie schnell einem eine Lüge passiert, hörst du gleich.** ⇨ Lesen Sie die Geschichte vor. ⇨ Impuls: **Manchmal fällt uns schon gar nicht mehr auf, wenn wir nicht ganz die Wahrheit sagen.** Die Schüler äußern sich dazu. ⇨ Sprechen Sie evtl. das Gebet: **Lieber Gott, viele von uns, auch ich, haben schon einmal schlecht über andere gesprochen. Es ist falsch, zu lügen. Bitte hilf uns dabei, immer bei der Wahrheit zu bleiben und deine Gebote einzuhalten. Amen.**	Sitzkreis oder Plenum	◗ Geschichte (S. 75 oben) ◗ evtl. Kerze
Sicherung/Gestaltung ⇨ Eintrag ins Heft: <u>*Das 8. Gebot: Lügt nicht*</u>. *Gott möchte, dass wir über unsere Mitmenschen nicht schlecht reden. Er möchte darüber hinaus aber auch, dass wir immer die Wahrheit sagen.* ⇨ Die Kinder kleben das Bild ein. Unter das Bild schreiben sie: *Skulptur „Schwätzweiber" aus Bronze von Karl-Henning Seemann.*	Einzelarbeit	Für jedes Kind: ◗ Bild (S. 75 unten)

Bild „Schwätzweiber“

© Jan-Herm Janßen

Geschichte „Tobias und die Lügner“

Tobias ging im Walde so für sich hin, als ihn plötzlich ein grässliches Winseln aus seinen Betrachtungen riss. Er lief den Tönen nach und entdeckte einen braunen [Hund] [...], der sich in einer Schlinge verfangen hatte [...]. Tobias befreite das Tier und war nicht wenig erstaunt, als es vor ihm sitzen blieb, das Maul öffnete und sagte: „Ich danke Ihnen, mein Herr. Sie sehen in mir [...] den staatlich geprüften Oberzauberer Abuhel, den es gelüstete, in der Gestalt eines Hundes zu lustwandeln. Leider war mir die Zauberformel für Schlingenlösen nicht mehr gegenwärtig. Ich wäre eines elenden Todes gestorben, wenn Sie [...] mich nicht befreit hätten. Als Dank sei Ihnen ein Wunsch gewährt, der sich erfüllen wird.“
Tobias [...] besann sich nicht lange und sagte: „Ich möchte, dass morgen für alle Menschen [...], die eine Lüge sagen oder schreiben, die Schwerkraft aufgehoben ist (*d. h. alle Menschen, die lügen, sollen schweben*). „Es sei“, sprach Abuhel und war wie vom Waldboden verschlungen.
Am anderen Tag ereigneten sich [...] merkwürdige Dinge. Es begann damit, dass Tobias' Reinemachefrau sagte, sie sei heute schon eine Stunde früher zum Arbeiten gekommen, als er noch tief geschlafen habe.* [...] Da flog sie wie ein Luftballon gegen die Decke, wo sie schweben blieb, bis es nachts zwölf Uhr schlug.
Der dickbäuchige Herr Knotzke, der Tobias auf der Straße begegnete, [...] sagte: „Wie freue ich mich, Sie wieder einmal zu sehen.“ [...] Kaum hatte er den Satz ausgesprochen, flog er in die Luft und der Wind trug ihn von dannen. [...]
Um die Mittagszeit stand fast niemand mehr auf dem Boden. [...] Die Menschen entschwebten wie Vogelschwärme, oder sie hingen, wenn sie das Glück hatten, sich in geschlossenen Räumen zu befinden, an deren oberen Grenzflächen. [...]
Tobias selbst hielt sich recht und schlecht bis kurz vor Mitternacht, als er zu sich selbst sagte, er hätte diesen Wunsch nicht geäußert, um seine Mitmenschen zu strafen, sondern um sie zu bessern. Da flog er sanft gegen den leise klirrenden Kronleuchter. Schlag zwölf Uhr kamen sie dann alle wieder herunter. Wer aber glaubt, dass seither in der Stadt weniger gelogen wird, irrt sich.

(Troll, Thaddäus: Tobias und die Lügner. In: Nebelspalter – Das Humor- und Satiremagazin. 1966, Heft 41, S. 17)

* Einzelne Formulierungen des Textes wurden aus didaktischen Gründen vereinfacht.

Bild „Schwätzweiber“

12 Das neunte & zehnte Gebot

Unterrichtliches Handeln	Sozialform	Medien
Einstieg ⇨ Impuls: **Acht Gebote kennst du schon.** Die Schüler wiederholen. ⇨ Impuls: **Die letzten beiden Gebote kann man gut in einem Gebot zusammenfassen. Eigentlich heißen sie so: Du sollst nicht begehren deines Nächsten Haus, Weib, Knecht, Magd, Vieh, noch alles, was sein ist.** Gehen Sie kurz darauf ein, wer mit „Nächster" gemeint ist. ⇨ Impuls: **Die beiden Gebote können wir auch zusammenfassen.** ⇨ Legen Sie den Satzstreifen in die Mitte. Ein Kind liest vor.	Sitzkreis	◗ Satzstreifen neuntes und zehntes Gebot (S. 56)
Begegnung ⇨ Lesen Sie den Text vor. Sprechen Sie kurz darüber. ⇨ Impuls: **Das Gefühl, auf etwas neidisch zu sein, kennst du vielleicht auch.** Die Schüler erzählen. ⇨ Erzählen Sie ggf. auch eine Geschichte aus Ihrem Leben. ⇨ Sprechen Sie evtl. das Gebet: **Lieber Gott, jeder von uns kennt das Gefühl, neidisch zu sein. Hilf uns, zu erkennen, dass auch wir Tolles können. Danke, Gott, dass du uns trotzdem liebst, aber hilf uns dabei, immer mehr deine Gebote einzuhalten. Amen.**	Sitzkreis	◗ Erzählung (S. 77) ◗ evtl. Kerze
Vertiefung ⇨ Impuls: **Manchmal denkst du vielleicht, dass die anderen Kinder in der Klasse toller sind als du. Sie haben schönere Klamotten an, bessere Noten, mehr Freunde usw. Dann kannst du leicht neidisch werden. Du vergisst, dass du genauso toll bist. Du bist vielleicht nicht so gut in der Schule, dafür bist du freundlich und hast oft gute Laune; das macht dich sehr sympathisch.** ⇨ Suchen Sie noch weitere gute Eigenschaften. ⇨ Teilen Sie die Satzanfänge aus. Die Schüler schreiben ihren Namen auf die Linie. Dann geben sie den Zettel ihrem Nachbarn, der eine gute Eigenschaft über die Person auf den Zettel schreibt. Dann wird der Zettel so lange weitergegeben, bis jeder etwas Nettes über das jeweilige Kind geschrieben hat.	Plenum	Für jedes Kind: ◗ Kopiervorlage (S. 78), auf farbiges Papier kopiert
Sicherung/Gestaltung ⇨ Eintrag ins Heft: *Das 9. und 10. Gebot: Seid nicht neidisch aufeinander.* *Gott möchte, dass wir unseren Mitmenschen das gönnen, was sie haben. Er möchte aber auch, dass wir wissen: Wir sind von Gott wunderbar geschaffen. Er hat uns tolle Eigenschaften geschenkt und er gibt uns das, was wir zum Leben brauchen.* ⇨ Die Kinder kleben ihren Zettel unter den Text.	Einzelarbeit	

Erzählung „Nabots Weinberg“

König Ahab ging im Garten seines Palastes spazieren. Er hatte einen riesigen Palast. Überall sah man seinen Reichtum. Eigentlich hatte er Grund genug, zufrieden zu sein. Er schaute seinen schönen Garten an. Dann schaute er über die Mauer zum Nachbargrundstück. Direkt neben seinem Palast war ein Weinberg. Dort wurden Weintrauben angepflanzt. Aber die Trauben interessierten König Ahab nicht. „Es wäre doch schön, wenn mir das Grundstück auch noch gehören würde“, dachte sich Ahab. „Ich muss diesen Weinberg haben!“, dachte er sich.
Der Weinberg gehörte Nabot. Er hatte schon immer seiner Familie gehört und schließlich hatte er ihn von seinem Vater geerbt.
„Ich muss mit Nabot reden“, überlegte sich der König. Also ging er zu Nabot und sagte: „Dein Weinberg liegt so nahe bei meinem Haus. Ich würde ihn gern haben. Bitte verkaufe mir deinen Weinberg. Ich werde dir viel Geld dafür geben oder, wenn du möchtest, einen viel besseren Weinberg.“ Ahab wurde enttäuscht. „Nein“, sagte Nabot, „das kann ich nicht machen. Der Weinberg hat schon immer unserer Familie gehört. Ich habe ihn von meinem Vater geerbt.“ In Israel durfte damals niemand Land einfach so verkaufen. Gott hatte jeder Familie ein bestimmtes Stück Land gegeben. Das sollte immer so bleiben. Nabot hörte auf Gott und lehnte das Angebot vom König Ahab ab.
Ahab war zornig. Voller Wut ging er nach Hause. „Was bildet Nabot sich eigentlich ein!“, schimpfte er vor sich hin. „Ich bin doch König!“ Zu Hause angekommen, legte er sich ins Bett. Er drehte sich zur Wand und wollte niemanden sehen.
Isebel, seine Frau, ließ ihn zum Essen rufen, aber König Ahab wollte nicht einmal essen. Er lag in seinem Bett und schmollte. Schließlich kam Isebel, seine Frau, zu ihm. „Was ist denn mit dir los, Ahab?“, wollte sie wissen. „Warum isst du nichts und bist so traurig?“ Ahab klagte Isebel sein Leid: „Ich bin zu Nabot gegangen. Ich wollte seinen Weinberg kaufen. Aber er sagte einfach ‚Nein‘.“ „Du bist doch König!“, antwortete Isebel. „Du hast doch die Macht. Aber mach dir keine Sorgen, ich kümmere mich darum. Steh auf und iss etwas. Ich werde dir den Weinberg von Nabot verschaffen.“
Isebel schrieb Briefe an die Ältesten der Stadt, die die Stadt regierten. Sie schrieb in Ahabs Namen und versiegelte die Briefe. Jeder wusste jetzt, dass die Briefe vom König kamen. Als die Ältesten die Briefe bekamen, waren sie etwas verwundert über den Inhalt. Aber da sie direkt vom König kamen, taten sie, was darin stand.
Sie planten ein Fest. Alle sollten sich versammeln. Auch Nabot war dabei. Er bekam einen besonderen Platz, ganz weit vorn bei den wichtigsten Leuten der Stadt. Isebel hatte alles genau geplant. In der Nähe von Nabot saßen zwei Männer. Plötzlich standen die Männer auf und zeigten auf Nabot: „Er hat gegen Gott und gegen den König gelästert!“, riefen sie laut, sodass alle es hören konnten. „Wir haben es genau gehört.“ Das stimmte nicht. Die Männer hatten Geld bekommen, damit sie das über Nabot erzählten. Aber alle anderen wussten das natürlich nicht. Sie hörten sich an, was die zwei falschen Zeugen aussagten. Und dann war klar: Wenn Nabot gegen Gott und gegen den König geredet hat, dann muss er getötet werden. Sie schleppten Nabot fort und töteten ihn.
Kurz darauf kam ein Bote zu Isebel. „Es ist alles so geschehen, wie du wolltest“, berichtete der Bote. „Nabot ist tot.“ Isebel ging sofort zu ihrem Mann Ahab. „Ahab, Nabot ist tot. Jetzt kannst du den Weinberg haben. Er gehört dir.“ Ahab freute sich. Er machte sich sofort auf den Weg zum Weinberg. Jetzt stand er mitten im Weinberg und freute sich. Ahab hatte gewonnen. Er war König und hatte die Macht. Gott aber schickte Elia zu Ahab, der ihm verkündete, dass Gott ihn und seine Familie hart strafen wollte. Ahab erkannte nun, dass er böse gehandelt hat. Er bat Gott um Verzeihung und Gott verzieh ihm.

(frei nach 1 Kön 21,1–29)

Kopiervorlage „Das finde ich toll an dir …“

Das finde ich toll an dir:

© Verlag an der Ruhr | Autorin: Eva Weber | ISBN 978-3-8346-4160-1 | www.verlagruhr.de

Kopiervorlage „Das finde ich toll an dir …“

Das finde ich toll an dir:

© Verlag an der Ruhr

13 Das Gebot, das über allen steht

Unterrichtliches Handeln	Sozialform	Medien
Einstieg ⇨ Impuls: **Nun kennst du alle Gebote.** Die Schüler wiederholen, möglichst auch mit den Erweiterungen. ⇨ Impuls: **Ich frage mich, welches Gebot wohl das wichtigste ist.** Die Kinder stellen Vermutungen an. ⇨ Impuls: **Jesus wurde einmal von Pharisäern, also Gesetzeslehrern, die sich genau mit den Geboten auskannten, gefragt, welches das wichtigste sei.**	Sitzkreis	
Begegnung ⇨ Lesen Sie gemeinsam in der Bibel Mt 22,35–40. ⇨ Wiederholen Sie noch einmal, wer „der Nächste" ist.	Sitzkreis	◗ (Schul-)Bibeln
Vertiefung ⇨ Impuls: **Seinen Nächsten lieben wie sich selbst – wie mag das wohl aussehen?** Die Kinder äußern sich. ⇨ Die Schüler überlegen sich, wo und wie sie bis zur nächsten Stunde jemandem zeigen können, dass sie ihn/sie so lieben wie sich selbst (z. B. mit der kleinen Schwester spielen, der Mutter helfen, vom Pausenbrot abgeben …). Sammeln Sie die Vorschläge an der Tafel. ⇨ Die Schüler schreiben jeden Vorschlag auf einen Zettel. Dann werden die Zettel zusammengefaltet und in einem Korb o. Ä. gesammelt. Die Kinder ziehen reihum einen Zettel. Somit bekommt jeder Schüler eine Aufgabe, die er bis zur nächsten Stunde erfüllen soll.	Plenum	◗ Korb/Schachtel o. Ä. Für jedes Kind: ◗ Zettel
Sicherung/Gestaltung ⇨ Eintrag ins Heft: *Das wichtigste Gebot: Liebe Gott und deinen Nächsten wie dich selbst.* *Jesus wird von Gesetzeslehrern gefragt, welches das wichtigste Gebot sei: Jesus antwortet: „Liebe den Herrn, deinen Gott, von ganzem Herzen, mit ganzem Willen und mit deinem ganzen Verstand. Dies ist das größte und wichtigste Gebot. Das zweite ist gleich wichtig: Liebe deinen Mitmenschen wie dich selbst." (frei nach Mt 22,35–40)* ⇨ Die Kinder kleben das Bild nur mit dem linken Rand ein, sodass es aufklappbar ist. Hinter das Bild schreiben sie: *Ich nehme mir vor …* Jeder Schüler trägt ein, was er sich bis zur nächsten Religionsstunde vornimmt. ⇨ Schnelle Kinder können das Bild noch ausmalen. ⇨ In der nächsten Stunde wird dann darüber gesprochen, ob der Vorsatz auch umgesetzt wurde.	Einzelarbeit	Für jedes Kind: ◗ Bild (S. 80)

Bild „Nächstenliebe“

© Rudie – Fotolia.com

© Rudie – Fotolia.com

Bild „Nächstenliebe“

© Rudie – Fotolia.com

© Rudie – Fotolia.com

© Verlag an der Ruhr | Autorin: Eva Weber | ISBN 978-3-8346-4160-1 | www.verlagruhr.de

Verlag an der Ruhr

Weitere Informationen und Blick ins Buch unter

www.verlagruhr.de

Keiner darf zurückbleiben

„Mir hat gut gefallen, dass ...“

88 Impulskarten für gezielte und begründete Reflexionen

Kl. 1-6 | 88 farbige Karten A4
Best.-Nr. 978-3-8346-2309-6

Mein Klassenraum – perfekt organisiert

160 Bildkarten, Regel- und Hinweisschilder

Kl. 1-4 | 72 farbige Karten A4 | teilweise zum Auseinanderschneiden
Best.-Nr. 978-3-8346-2434-5

Dickes Lob!
100 Belohnungskärtchen für Schüler

6-12 J. | 100 farbige Karten | 5,9 x 9,1 cm | in Klarsichtetui
Best.-Nr. 978-3-8346-3689-8

Was machen wir als Nächstes?

99 Tages- und Stundenplankarten

Kl. 1-4 | 98 farbige Karten | 12 x 12 cm
Best.-Nr. 978-3-8346-0939-7

Lapbooks im GS-Unterricht

Anleitungen zum Einsatz von Lapbooks sowie Blanko-Vorlagen

Kl. 1-4 | 128 S. | A4
Best.-Nr. 978-3-8346-3790-1

+ CD-ROM mit Blanko-Vorlagen

auch als PDF

70 Mini-Bücher zu Buchstaben und Zahlen

Kopiervorlagen zum Schneiden, Falten und Weitergestalten

Kl. 1-2 | 80 S. | A4 | Heft
Best.-Nr. 978-3-8346-3895-3

Was für ein Dilemma!
Eine Kartei mit einfachen Lesetexten zum Diskutieren und Weiterspielen

Für Grundschulkinder

Kl. 1-2 | 72 farbige Karten A5
Best.-Nr. 978-3-8346-3906-6

auch als PDF

DaZ mit dem ganzen Körper

50 Bewegungsspiele zum Deutschlernen

Kl. 1-4 | 104 S. | 17 x 24 cm
Best.-Nr. 978-3-8346-3568-6

auch als PDF

30 x Religion für 45 Minuten – Klasse 3/4

Neue, fertige Stunden zu allen Lehrplanbereichen – Band 2

Kl. 3-4 | 128 S. | A4
Best.-Nr. 978-3-8346-3778-9

30 x Kunst für 45 Minuten – Klasse 1/2

Neue kurze Projekte für schnelle Erfolge – Band 2

Kl. 1-2 | 112 S. | A4 | farbig
Best.-Nr. 978-3-8346-3893-9

Die kreative Lückenfüller-Kartei für den Kunstunterricht

Sinnvolle Beschäftigung für Grundschulkinder, die schon fertig sind

Kl. 1-4 | 32 farbige A5-Karten + 8 S. Begleitheft
Best.-Nr. 978-3-8346-3570-9

20 x klassische Musikstücke für 45 Minuten – Klasse 3/4

Ausgearbeitete Stunden zu Komponisten und ihren Werken

Kl. 3-4 | 96 S. | A4
Best.-Nr. 978-3-8346-3679-9

+ Audio-CD mit allen benötigten Musikstücken